**Xpert.press**

Springer-Verlag Berlin Heidelberg GmbH

Die Reihe **Xpert.press** des Springer-Verlags vermittelt Professionals im Projektmanagement sowie in den Bereichen Betriebs- und Informationssysteme, Software Engineering und Programmiersprachen aktuell und kompetent relevantes Fachwissen über Methoden, Technologien und Produkte zur Entwicklung und Anwendung moderner Informationstechnologien.

## Der Autor

mit Jahrgang 1954 ist nach einem Mathematik- und Physikstudium an der TU Braunschweig und der Universität Gießen seit über 20 Jahren in der Software-Industrie als IT-Berater und Projektleiter tätig. Einer seiner Interessenschwerpunkte ist das Thema Software-Lizenzierung. Er führt seit mehreren Jahren erfolgreich Lizenzierungsprojekte in einem deutschen Unternehmen der Telekommunikation durch. Auf internationalen Symposien stellt er Problematik und Lösungsansätze von Lizenzierungsprojekten vor.
Sein Knowhow über Lizenzierung ist in diesem Buch niedergelegt, und sein Wunsch ist es, dass es dazu dienen möge, interessierte Kollegen aus der IT-Branche, die mit der Durchführung eines Lizenzierungsprojektes beginnen wollen, bei ihrer Arbeit mit dieser komplexen Thematik zu unterstützen.
Email: *info@sw-license.org*

Reimer M. Bürkner

# Erfolgreiche Software-Lizenzierung

## Electronic License Management – Von der Auswahl bis zur Installation

Mit 16 Abbildungen

Springer

Reimer M. Bürkner
Postfach 20 11 85
63272 Dreieich

Bibliografische Information der Deutschen Bibliothek
Die Deutsche Bibliothek verzeichnet diese Publikation in der Deutschen Nationalbibliografie; detaillierte bibliografische Daten sind im Internet über http://dnb.ddb.de abrufbar.

ISBN 978-3-642-62470-4 ISBN 978-3-642-55518-3 (eBook)

DOI 10.1007/978-3-642-55518-3



http://www.springer.de



Ursprünglich erschienen bei Springer-Verlag Berlin Heidelberg New York 2003
Softcover reprint of the hardcvoer 1st edition 2003



Satz: G&U e.Publishing Services GmbH, Flensburg
Herstellung: LE-TeX Jelonek, Schmidt & Vöckler GbR, Leipzig
Umschlaggestaltung: KünkelLopka Werbeagentur, Heidelberg
Gedruckt auf säurefreiem Papier SPIN 10923184 - 33/3142YL - 5 4 3 2 1 0

# Vorwort

Dieses Buch wendet sich an Software-Produzenten, die eine elektronische Lizenzierung ihrer Produkte erstmalig einführen wollen oder ihre bestehende Lizenzpolitik auf den neuesten technischen Stand bringen möchten.

Der Einsatz von Tools zur Implementierung eines umfassenden Electronic License Management erfordert in der Regel das Aufsetzen eines Lizenzierungsprojektes. Das Buch erläutert den Einfluss der softwaretechnischen Lizenzierung auf alle Bereiche des Unternehmens. Bei der Einführung der Lizenzierung handelt es sich es nicht um ein reines Entwicklungsprojekt, obwohl natürlich auch die Software-Entwicklung durch veränderte Programme und Installationen tangiert ist.

Das Buch entstand aus der Erkenntnis heraus, dass die wenigsten Softwarehersteller sich der Implikationen einer elektronischen Lizenzierung auf die Unternehmensabläufe bewusst sind. Zum anderen besteht oft eine gewisse Schwierigkeit, ein verändertes Vermarktungsmodell, das Datenmodell des Lizenzgenerators, den Inhalt von Lizenzfiles und entsprechende Programmabfragen zu definieren und aufeinander abzustimmen. Außerdem ist die Bandbreite der Möglichkeiten, die heutige Lizenzierungstools bieten, den wenigsten bekannt. Um die anfänglichen Hürden für die Einführung des Lizenzierungsprozesses zu erleichtern, wurde dieses Buch geschrieben.

An dieser Stelle möchte ich dem Verlag für die angenehme Kooperation danken, den Lizenzierungstool-Herstellern für die vielen nützlichen Tips und vor allem meiner Frau Christina für ihre Ermutigung und Unterstützung.

Nach mehreren Jahren Projekterfahrung zum Thema Lizenzierung darf ich Ihnen verraten, dass das Thema Lizenzierung eines der spannendsten ist, das ich jemals in meiner IT-Laufbahn kennengelernt habe. Für die Durchführung Ihres eigenen Lizenzierungsprojektes wünsche ich Ihnen viel Erfolg!

Dreieich, Juni 2003 *Reimer M. Bürkner*

**Hinweis zur Lektüre dieses Buches:**

*Querverweise ermöglichen Stöbern*

Auf einige entscheidende Zusammenhänge wird mehrfach hingewiesen. Diese absichtlich eingebauten Wiederholungen haben für Sie den Vorteil, dass Sie nicht gezwungen sind, die Kapitel in der richtigen Reihenfolge zu lesen. Also auch das „Stöbern" führt zum Ziel. Zahlreiche Querverweise zu anderen Kapiteln ermöglichen Ihnen, die wichtigen Zusammenhänge schnell zu erfassen. Im Anhang finden Sie Begriffserklärungen zur Lizenzierung sowie einige nützliche Tabellen. Ein Stichwortverzeichnis und Links zu wichtigen Lizenzierungsseiten im Internet runden dieses Standardwerk der Lizenzierung ab.

# Inhaltsverzeichnis


**1 Einführung** . . . . . . . . . . 1

**2 Einmaleins der Lizenzierung** . . . . . . . . . . 3

2.1 Was ist Lizenzierung? . . . . . . . . . . 3
2.2 ESD und ELD . . . . . . . . . . 6

**3 Aufwände oder Gewinne durch Lizenzierung** . . . . . . 9

3.1 Umsatzsteigerung und Kosten-Nutzen-Analyse . . . . . . . 9
3.2 Vorteile für den Kunden – Assetmanagement . . . . . . . . 11

**4 Start des Lizenzierungsprojektes** . . . . . . . . . . 15

4.1 Definition und Ziele des Projektes . . . . . . . . . . 15
4.2 Dreizehn Schritte zur Auswahl des Lizenzierungstools . . 16
4.2.1 Produkt-Recherche und Knowhow-Gewinnung . . . . . . 17
4.2.2 Produktmarketing . . . . . . . . . . 17
4.2.3 Software-Entwicklung . . . . . . . . . . 18
4.2.4 Unternehmensprozesse . . . . . . . . . . 18
4.2.5 Einbindung in ERP-Systeme . . . . . . . . . . 19
4.2.6 Produktpräsentationen . . . . . . . . . . 19
4.2.7 Verträge und Kosten . . . . . . . . . . 20
4.2.8 Referenzkunden . . . . . . . . . . 20
4.2.9 Support . . . . . . . . . . 20
4.2.10 Bewertungsmatrix . . . . . . . . . . 21
4.2.11 Zukünftige Leistungsmerkmale . . . . . . . . . . 21
4.2.12 Entscheidung . . . . . . . . . . 21
4.2.13 Vertragsverhandlungen . . . . . . . . . . 22
4.3 Wichtige Aspekte – mögliche Fehler . . . . . . . . . . 23
4.4 Richtig präsentieren . . . . . . . . . . 24

**5 Das Lizenzmodell – Kernstück der Lizenzierung** . . . 27

5.1 Verkaufspositionen – Marketingkonzept – Lizenzfiles . . . 27
5.1.1 Vertrieb . . . 28
5.1.2 Bestellabwicklung – Buchführung . . . 28
5.1.3 Lizenzverträge . . . 29
5.1.4 Entwicklung . . . 30
5.1.5 Support und Service . . . 31
5.2 Hardwaregebundene Lizenzierung . . . 32
5.2.1 Lizenzierung mit Dongles . . . 32
5.2.2 Lizenzierung mit Ethernetkarte oder Festplatte . . . 34
5.2.3 Lizenzserver und Lizenzfiles . . . 35
5.2.4 Probleme durch Hardwarebindung? . . . 35
5.3 Praktikable Lizenzlösungen für den Kunden . . . 36
5.3.1 Lizenzierungsarten . . . 36
5.3.2 Demo-Lizenz und TBYB . . . 40
5.3.3 Harte und weiche Lizenzierung . . . 42

**6 Unternehmensprozesse – Bestell- und Auslieferungsverfahren** . . . 45

6.1 Ermittlung der beteiligten Abteilungen . . . 45
6.2 Analyse der Unternehmensprozesse . . . 47
6.3 Zielsetzung der Lizenzierungseinführung . . . 48
6.4 Die Bestellung lizenzierter Software . . . 49
6.5 Die Auslieferung . . . 50

**7 Entwicklungsaufwände: Änderungen im Sourcecode** . . . 55

7.1 Libraries und APIs . . . 55
7.2 Lizenzierung auf Funktionsebene . . . 57
7.3 Einsatz von Shells . . . 59

**8 Installation beim Kunden** . . . 61

8.1 Auslieferungs- und Installationsvarianten . . . 61
8.1.1 Installation ohne Lizenzfile . . . 61
8.1.2 Installation mit zeitlimitierter Demo-Lizenz . . . 62
8.1.3 Auslieferung vorkonfigurierter Hardware . . . 63
8.2 Erweiterungen der Installationsskripte . . . 64
8.3 Software-Updates . . . 67
8.3.1 Upgrade auf höhere Versionen . . . 67
8.3.2 Updates und Fehlerbehebung . . . 69
8.4 Installation im Multi-Vendor Environment . . . 69
8.5 Ausfallsicherheit durch mehrere Lizenzserver . . . 70
8.6 Anwender-Dokumentation . . . 72

**9 Der Lizenzgenerator** ........ 75

9.1 Grundsätzliche Aufgaben ........ 75
9.2 Einzelne Funktionen des Lizenzgenerators ........ 77
9.2.1 Erzeugen einzelner Lizenzfiles ........ 77
9.2.2 Zusammenfassen mehrerer Lizenzfiles ........ 80
9.2.3 Automatischer Versand von Emails ........ 80
9.2.4 Statusanzeige einer Lizenz ........ 81
9.2.5 Webinterface für Lizenz-Download ........ 82
9.2.6 Bausteine für das individuelle Webinterface ........ 82
9.2.7 Übersichten und Reports ........ 83
9.2.8 Automatische Lizenz-Updates ........ 84
9.2.9 Generieren von Lizenzpools für Drittauslieferer ........ 84
9.2.10 Rückgabe von Lizenzen ........ 84
9.2.11 Schnittstellen für Support und Fehlerbehebung ........ 85
9.2.12 Benutzerverwaltung ........ 85
9.2.13 Import für Auftragsdaten aus ERP-Systemen ........ 86

**10 Das Webinterface** ........ 87

10.1 Aufgaben des Webinterface ........ 87
10.2 Zugangscodes ........ 89
10.3 Download des Lizenzfiles ........ 90
10.4 Rückgabe von Lizenzen ........ 91
10.5 Prozeßabläufe ohne Webinterface ........ 91

**11 Integration mit ERP-Systemen** ........ 93

11.1 Komplette Integration versus Teilintegration ........ 93
11.2 Zyklischer Export – die kleine Lösung ........ 94
11.3 Einmaliger Export früherer Bestellungen ........ 96
11.4 Produktdefinitionen im Lizenzgenerator ........ 97
11.5 Rückmeldungen an die Auftragsbearbeitung ........ 99
11.6 Manuelle Korrekturen – Lizenz vor Bestellung ........ 100
11.7 Verwalten von Fremdprodukten ........ 101
11.8 Anbindung von CRM-Systemen ........ 102

**12 Problemsituationen beim Kunden** ........ 105

12.1 Hardware-Information und Lizenzgenerierung ........ 105
12.2 Austausch und Ergänzung von Lizenzfiles ........ 106
12.3 Hardware-Ausfall und Lizenzrückgabe ........ 107
12.4 Umgehung des Lizenzschutzes – Raubkopien ........ 107

**13 Die Zukunft der Software-Distribution** .......... 111

**Anhang** .................................. 115

Kostenaufstellung für ein Lizenzierungsprojekt ..... 115
Checkliste zur Evaluierung von Lizenzierungstools .... 116

**Glossar** .................................. 121

**Internet-Adressen und Literatur** ............... 125

**Index** .................................... 129

# 1 Einführung

*Definition des Electronic License Management*

Software Lizenzierung ist ein Thema, das heute sowohl den Software-Hersteller als auch Distributoren und Endanwender angeht. Electronic License Management (ELM) – so der im englischen Sprachraum verwendete Begriff – bezeichnet die softwaretechnischen Mittel, um bei installierter Software die Einhaltung eines Nutzungsvertrages zu kontrollieren. Darüber hinaus ermöglicht Electronic License Management eine problemlose Verwaltung aller erteilten Lizenzen und völlig neue Vermarktungschancen. Um den geschickten Einsatz dieser Lizenzierungstools geht es in diesem Buch.

*Lizenzierung verändert die Unternehmensprozesse*

Es werden alle Aspekte beleuchtet – von der technischen Auswahl des geeigneten Lizenzierungstools über Veränderung der Distributions- und Bestellabläufe bis hin zu modifizierten Software-Installationen, Auswirkungen auf den Support und neue Marketing-Strategien. Lizenzierung ist, auch wenn diese Ausage vielleicht verblüfft, weniger ein technisches Thema. Es geht nicht nur darum, zur Programmlaufzeit oder zum Installationszeitpunkt einige Lizenzcodes abzufragen, sondern Lizenzierung beeinflusst fast alle Bereiche eines Unternehmens und verändert die Prozesse.

*Investitionen versus Umsatzsteigerungen*

Nach meiner Erfahrungen in verschiedensten Unternehmen gehört zu den schwierigsten Aufgaben bei der Einführung einer Lizenzierung, die Mitarbeiter aller Bereiche zu bewegen, die Notwendigkeit der Lizenzierung zu verstehen und sie darüber hinaus zu motivieren, notwendige Veränderungen mitzutragen. Es müssen neue Investitionen verantwortet werden. Dies fällt einigen Managern nicht leicht, da ihre Tätigkeit in immer kürzeren Zeitintervallen beurteilt wird bzw. sie sich der Unternehmensleitung in diesen Zeiträumen verantworten müssen. Lizenzierung ist aber ein Thema, das nicht sofort zu einer Gewinnsteigerung verhilft. Der Breakeven-Punkt wird oft erst nach ein bis zwei Jahren erreicht. Dann aber überwiegen bei weitem die Vorteile: Umsatz und Gewinn steigen –

gute und beständige Marktlage des Unternehmens vorausgesetzt –, die Kundenbasis wird transparenter als jemals zuvor, da keine illegalen Software-Kopien im Umlauf sind, und Marketing und Vertrieb sehen sich vermehrt in der Lage, gezielte Verkaufsaktionen zu planen und durch eine flexible Lizenzierungspolitik mehr zufriedene Kunden zu gewinnen.

An Software-Lizenzierung geht kein Weg vorbei. Gehen Sie das Thema richtig an, ohne wichtige Aspekte, die in diesem Buch beleuchtet werden, zu übersehen, haben Sie zum dauerhaften Erfolg Ihrer Firma entscheidend beigetragen.

# 2 Einmaleins der Lizenzierung

## 2.1 Was ist Lizenzierung?

*Lizenzierung ist nicht gleich Kopierschutz*

Lizenzierung ist ein Sammelbegriff für Maßnahmen, um – in unserem Falle – Software gegen illegale Nutzung zu schützen und um flexible Vermarktungsmodelle zu realisieren. Lizenzierung ist nicht gleich Kopierschutz (piracy protection), obwohl beide Begriffe oft fälschlicherweise synonym gebraucht werden. Lizenzierungsmaßnahmen beinhalten allerdings meist einen Kopierschutz, ohne den eine Lizenzierung generell ihr Ziel nicht erreichen würde.

*Unterschiedliche Härtegrade der Lizenzierung*

Was also ist Lizenzierung? Lizenzierung wird heute in der Regel durch Softwaretools unterstützt. Eine Lizenzierung, allein auf einem Stück Papier festgehalten, das einem Kunden überreicht bzw. der Softwarelieferung beigelegt wird, gehört der Vergangenheit an. Es gibt sehr unterschiedliche Verfahren, die sich vor allem in ihrer Härte oder Weichheit unterscheiden. Dies bedeutet, dass es dem Anwender oder Distributor unterschiedlich schwer gemacht wird, die Software illegal zu kopieren oder auf mehr Systemen einzusetzen, als ihm per Vertrag gestattet ist. Heute ist, durch auf dem Markt erhältliche Lizenztools, eine rigorose Einhaltung der Vertragsbestimmungen möglich. Versucht der Kunde dagegen zu verstoßen, läuft entweder seine Software nicht mehr oder er erhält Systemwarnungen, dass er sein Lizenzlimit überschritten hat.

*Abgestufte Lizenzmodelle und Asset Management*

Zusätzlich zum Kopierschutz bieten aber heutige Tools zur elektronischen Lizenzierung die Möglichkeit, fein abgestufte Lizenzierungsmodelle zu vermarkten und dann natürlich auch auf den installierten Systemen zu kontrollieren. Darüber hinaus können sogenannte Asset Management Systeme die Lizenzen beim Anwender verwalten und Hinweise dafür geben, wo Lizenzen fehlen oder wo zu viele erworben wurden.

*Einfache Lizenzcodes*

Wie also kann man lizenzieren? Ein bislang gängiges Verfahren, das von vielen kleineren Herstellern von Lizenzierungstools angeboten wird, arbeitet mit einem Lizenzcode, der zusammen mit der CD ausgeliefert wird. Dieser Lizenzcode muss bei der Installation der Software angegeben werden. Dieses Verfahren ist natürlich nur wirksam, wenn der Anwender seine CD inklusive des Lizenzcodes nicht weitergibt. Der Schutz ist also keineswegs vollkommen. Dass bei der Installation lediglich angeklickt werden muss, dass man die Lizenzbestimmungen zur Kenntnis genommen hat, ist eher die Ausnahme. Allerdings wird dies oft zusätzlich verlangt, um sich auch rechtlich für zukünftige Rechtsstreitigkeiten abzusichern (siehe auch Kap. 5.1.3 „Lizenzverträge").

*Lizenzieren mit Dongles*

Wesentlich härter und deshalb auch sicherer ist es, die Lizenz an die Hardware des PCs oder an einen Dongle zu knüpfen. Der Dongle ist ein kleiner Hardwarestecker, der auf eine COM-Schnittstelle (inzwischen auch USB) des PCs aufgesteckt wird. Die lizenzierte Software prüft die Information des Dongles ab. Wenn beides zusammenpasst, läuft die Software, andernfalls nicht, und sie gibt eine Fehlermeldung aus. Der Dongle kann schon vor der Softwareauslieferung vorkonfiguriert werden und wird zusammen mit der Software-CD ausgeliefert. Entweder vor der Installation oder beim Aufruf der Software muss der Dongle gesteckt sein. Die Verwendung von Dongles hat Vorteile aber auch Nachteile, die wir noch beleuchten werden (siehe auch Kapitel 5.2.1 „Lizenzierung mit Dongles").

*Lizenzieren mit Hardware-Daten des PC*

Heute wird es zunehmend üblicher, die Lizenz an Hardware-Kennungen des PCs zu knüpfen. In diesen Fällen muss die Hardware-Information, zum Beispiel die MAC-Adresse (Ethernet-Karte) oder die Disk-Id, per Programm ausgelesen werden, das der Softwarehersteller mit ausliefert und das bei Installation oder schon vorher gestartet wird. Die ausgelesene Hardware-Information wird dem Hersteller per Email oder Webinterface übermittelt. Dieser generiert darauf aufbauend einen Lizenzcode, der nur für diesen einen Rechner des Kunden gültig ist. Der Lizenzcode wird dem Kunden zurückgesandt – entweder per Email oder Webinterface –, und der Kunde installiert den Code, in der Regel als Datei. Danach erst läuft seine Software ordnungsgemäß. Auch diese Art der Lizenzierung hat ihre Vor- und Nachteile.

*Lizenzgenerator und Datenbank*

Eine Lizenzierung über Lizenzfiles setzt voraus, dass diese Dateien an irgendeiner zentralen Stelle komfortabel generiert werden können. Hierzu bieten die größeren Anbieter von Lizenzierungssoftware einen Lizenzgenerator an. Dieser ist in der Regel mit einer Datenbank hinterlegt, so dass es jederzeit möglich ist, die belieferten Kunden, die ausgelieferten Softwareversionen und die Liefer- bzw. Lizenzhistorie nachzuvollziehen. Außerdem sind über die Datenbank recht nützliche Auswertungen für das Produktmarketing oder den Vertrieb erstellbar. Eine Ankoppelung dieser Lizenz-Datenbank an bestehende ERP[1]- und CRM[2]-Systeme wird in der Regel angestrebt bzw. von vielen Software-Herstellern realisiert.

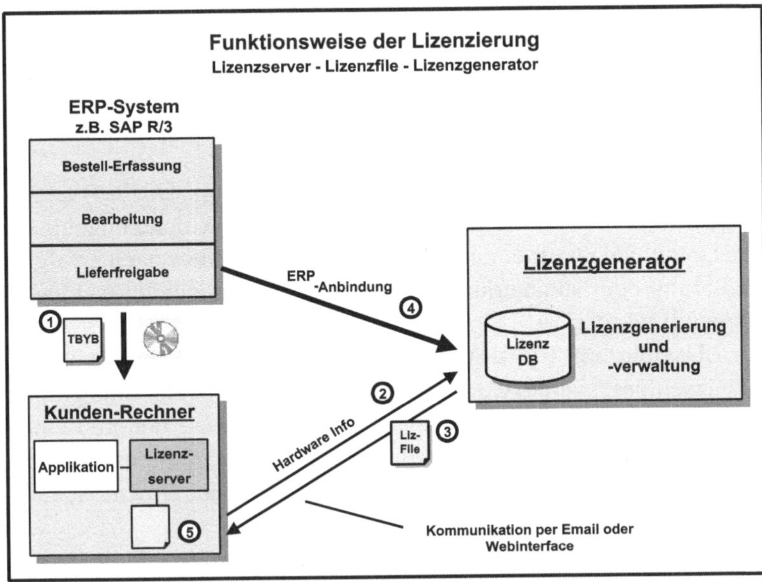


*Abb. 1: Funktionsweise der Lizenzierung*

*Lizenz-Software besteht aus zwei Tools*

Zur vollständigen elektronischen Lizenzierung gehören also im Prinzip zwei Tools, die relativ unabhängig voneinander arbeiten können. Aus diesem Grunde bieten auch einige Hersteller beide Tools getrennt an:

1. Der Lizenzserver, der zusammen mit einem Programm-API[3] beim Kunden installiert wird. Die lizenzierten Anwendungen kommunizieren mittels des APIs mit dem Lizenzserver, der seinerseits die Lizenzen in Form von Lizenzfiles verwaltet.

---

[1] ERP = Enterprise Resource Planning

[2] CRM = Customer Relationship Management

[3] API = Application Programming Interface

2. Der Lizenzgenerator, der an zentraler Stelle beim Software-Hersteller Lizenzen generiert und versendet bzw. zum Abruf bereitstellt. Die Lizenzen werden in einer Datenbank verwaltet.

Beide, Lizenzgenerator und Lizenzserver, müssen natürlich die gleichen Verschlüsselungsmechanismen verwenden, damit der codierte Lizenzfile am Installationsort vom Lizenzserver gelesen werden kann.

## 2.2 ESD und ELD

Die Begriffe ESD und ELD werden Ihnen immer wieder begegnen, wenn Sie sich mit Lizenzierungs-Software befassen.

*Definition von ELD und ESD*

ESD steht für Electronic Software Distribution. Die zu verkaufende Software wird auf Internet-Seiten zum Download angeboten. Der Download ist oft erst möglich, wenn dem Käufer nach erfolgter Bezahlung oder sonst erlangter Berechtigung ein Zugangsschlüssel mitgeteilt worden ist.

ELD steht für Electronic License Distribution. Der gelieferte Lizenzschlüssel ist ein Code oder ein codierter File, der eine gültige Lizenz beinhaltet. Elektronisch lizenzierte Software benötigt einen solchen Lizenzschlüssel, um ordnungsgemäß zu arbeiten. Die Auslieferung einer gültigen Lizenz kann per Email oder Download über ein Webinterface erfolgen.

ESD und ELD werden oft schon zusammen eingesetzt, bedingen sich aber nicht gegenseitig. Im einfachsten Fall kommen Sie ohne ESD und ELD aus, können aber trotzdem Ihre Software mit den neuesten und gängigsten Tools lizenzieren.

*ELD ist heute Standardverfahren*

ELD ist praktisch schon zum Standardverfahren geworden. Dies liegt daran, dass immer mehr Software-Hersteller dazu übergehen, die Kundenlizenzen an deren Hardware zu binden. Die Software läuft dann nur auf den Rechnern, deren Hardwarekennung zur Generierung des Lizenzschlüssels benutzt wurde. Dies ist eine rigorose Maßnahme, bietet aber optimalen Schutz. Man handelt sich aber auch Komplikationen ein: Fällt ausgerechnet die Hardware aus, an die die Lizenz gebunden wurde, muss ein neuer Lizenzfile ausgeliefert werden, die alte Lizenz muss unbrauchbar gemacht, und die Übergangszeit bis zum Erhalt des neuen Lizenzfiles irgendwie überbrückt werden. Sie ahnen schon, dass hier gute und vor allem praktikable Konzepte gefragt sind. Was hat dies mit ELD zu tun?

Bevor eine Lizenz generiert wird, muss der Kunde seine Hardware-Information dem Softwarelieferanten übermitteln. Dies wird er in der Regel per Email oder Webinterface tun, wenn ein solches zur Verfügung steht. Die Versendung des Lizenzfiles erfolgt wiederum über Email oder Webinterface. Dies nennt man dann ELD.

*Trend zu kombinierter ESD und ELD*

Die elektronische Distribution, also ESD, setzt in der Regel voraus, dass der Kunde seine Software nicht nur aus dem Web herunterladen, sondern auch über das Web bestellen kann. Auf solche Bestellvorgänge sind Softwarelieferanten häufig noch nicht eingerichtet. Die Schwierigkeit liegt hier nicht in der Bereitstellung der Bestellpositionen im Web, sondern in der nachfolgenden Verbuchung, Bonitätsprüfung und Weiterleitung an die Lizenzdatenbank. Der Trend geht aber eindeutig zur Onlinebestellung mit zugehöriger Lizenzierung, also kombinierte ESD und ELD. (Siehe auch Kapitel 13: „Die Zukunft der Software-Distribution“)

# 3 Aufwände oder Gewinne durch Lizenzierung

## 3.1 Umsatzsteigerung und Kosten-Nutzen-Analyse

*Kostet Lizenzierung zuviel?*

Sie wollen Ihre Software-Produkte lizenzieren, um Raubkopien zu verhindern, dadurch Verluste einzugrenzen und Ihren Umsatz zu erhöhen. Richtig? Was aber, wenn das Lizenzieren mehr kostet als Sie einsparen? Kann der „Schuss also nach hinten losgehen"? Und für wen lohnt sich eigentlich der Kauf und Einsatz von komfortablen Lizenzierungstools?

*Für wen lohnt sich ein Lizenzierungstool?*

Hier sind vor allem die Software-Produzenten mit einem mittleren bis großen Umsatzvolumen bzw. einer umfangreichen Produktpalette zu nennen, oder die Produzenten von Applikationen der oberen Preiskategorie. Der Einsatz des Tools muss in einer sinnvollen Relation zum Umsatz stehen. An dieser Stelle sei aber auch gleich vorausgeschickt, dass bei den Gesamtkosten der Lizenzierung das Tool selbst die geringsten Kosten verursacht.

*Benötigte Infos für Kosten-Nutzen-Analyse*

Für eine umfassende Kosten-Nutzen-Aufstellung benötigen Sie folgende Informationen.:

1. Wie hoch ist die vermutete Anzahl der installierten illegalen Kopien Ihrer Software?
2. Wie viel kostet Sie die Lizenzierung Ihrer Software pro Jahr?

*Abschätzen der illegalen Kopien*

Der erste Punkt ist einigermaßen schwierig zu beantworten. Oft können Sie nur indirekte Schlüsse ziehen, zum Beispiel bei Produkten mit zusammengehörigen Hard- und Softwarekomponenten, deren Hardwarekomponenten eventuell in viel größeren Stückzahlen verkauft wurden als Ihre neu zu lizenzierenden Softwarekomponenten, obwohl Hard- und Softwarekomponenten in einer Eins-zu-eins-Beziehung stehen müssten. Hier dürfen Sie von illegalen Softwarekopien ausgehen. Auch Anrufe beim Support können Hinweise geben, nämlich von solchen „Kunden“, die Ihrer Firma gar nicht als Kunde dieses Produktes bekannt sind. Mit einem Wort: Sie sind bezüglich der Zahl oder des Prozentsatzes illegaler Kopien auf Vermutungen angewiesen, die Sie aber dem Controlling glaubhaft machen müssen.

*Lizenzierungseinführung ist kein Entwicklungsprojekt*

Der zweite Punkt ist dann etwas einfacher zu beantworten, wenn Sie Erfahrung darin haben, neue Software-Projekte abzuschätzen. Bei der Lizenzierung ist aber zu berücksichtigen, dass es nicht nur um Entwicklungsaufwände geht. Dies macht Lizenzierungsprojekte grundverschieden von anderen Projekten der Softwareentwicklung. Eigentlich ist eine Lizenzierungseinführung auch gar kein Softwareprojekt, sondern ein Projekt der Umorganisation und Neuorientierung der Verfahrensabläufe von der Bestellung bis zur Auslieferung und Installation. Spätestens, wenn dies alle Beteiligten verstanden haben, werden Sie – wie in den folgenden Kapiteln weiter ausgeführt – unter Umständen mit massiven Widerständen konfrontiert. Das Controlling wird Ihnen jedenfalls zu beweisen versuchen, dass die Lizenzierung mehr kostet als einbringt. Diese Haltung ist verständlich, und an Ihnen ist es, den Gegenbeweis zu erbringen.

*Unterscheidung zwischen Pilot- und Folgeprojekt*

Am einfachsten und am wenigsten furchteinflössend für alle Beteiligten ist ein Pilotprojekt, in dem sozusagen die Lizenzierung eines Ihrer Produkte geübt wird – einschließlich aller Verfahrensabläufe. Ist der Lizenzierungsvorgang durch dieses Pilotprojekt etabliert, dann können andere Produkte mit „auf den Zug springen“. Diese Vorgehensweise ist natürlich auch bei der Kostenabschätzung zu berücksichtigen: Das erste Produkt/Projekt verschlingt mehr Kosten als die Nachfolgeprojekte. Insofern reicht es nicht aus, eine Aufstellung der Kosten pro Jahr anzufertigen, sondern Sie müssen zumindest zwischen erstem Projekt und Folgeprojekt unterscheiden. Auch empfiehlt es sich, einen detaillierten Plan für die ersten drei Jahre aufzustellen, um die voraussichtliche Kostenentwicklung darstellen zu können.

*Inhalte einer Kostenaufstellung*

In die Kostenaufstellung müssen eingehen:

- Entwicklungskosten für Programm- und Installationsänderungen
- Servicekosten für Lizenzgenerator und Wartung der Produktdefinitionen
- Lizenzgenerierungen durch Servicepersonal

- Erstellen und Wartung von Import/Export-Programmen
- Mitarbeiter-Schulung
- Dokumentation
- Jährliche oder Einmal-Gebühren für das Lizenzierungstool

Ein empfehlenswertes Schema für die Kostenaufstellung können Sie im Anhang finden!

*Klare Management-entscheidung erforderlich*

Sind die Widerstände seitens des Controlling oder anderer Abteilungen sehr stark, wird man möglicherweise Ihre Kostenaufstellung auf zwei Arten als „Waffe" gegen Sie bzw. die Lizenzierung verwenden. Dies ist ein übliches Schema, das unabhängig von der Lizenzierung generell bei Projekten Anwendung findet, deren Start man erschweren möchte. Entweder wird argumentiert, dass die Kosten viel zu hoch seien und deshalb eine Lizenzierung nicht ratsam sei. Oder man wirft Ihnen vor, nicht alle Kosten berücksichtigt zu haben, mit der Bitte, die Kalkulation noch einmal zu überarbeiten. Legen Sie daraufhin eine sehr großzügig ausgelegte Kostenplanung vor, die auch versteckte Nebenkosten mitbeinhaltet, dann wird wieder das erste Argument der zu hohen Kosten verwendet. Dann hilft eigentlich nur noch eine klare Management-Entscheidung für die Lizenzierung.

## 3.2 Vorteile für den Kunden – Assetmanagement

*Fehlende Übersicht über gekaufte Lizenzen*

Lizenzierung ist nicht nur ein Thema für Sie als Software-Lieferant. Die meisten Großkunden haben massive Probleme, die Übersicht über alle gekauften Lizenzen zu behalten. Wenn man einer Untersuchung der Gartner-Group glauben darf, dann werden größere Unternehmen im Jahre 2003

- für einige Produkte ca. 60 % zu viele Lizenzen kaufen,
- für andere Produkte aber bis zu 30 % mit Lizenzen unterversorgt sein und sich in diesem Falle strafbar machen.

*Nutzungs-nachweis erforderlich*

Da die Softwarehersteller zunehmend dazu übergehen, Nachweise für das Verhältnis gekaufter zu genutzter Lizenzen und Software zu verlangen, und auch begonnen haben, Fremdfirmen mit solchen Untersuchungen zu beauftragen, wird dieses Problem immer akuter.

*Software-Bestandsaufnahme nicht geregelt*

Anscheinend ist das Software-Management in zu wenigen Unternehmen organisatorisch geregelt:

Laut einer BSA-Umfrage unter kleinen und mittelständischen Firmen in Deutschland verzichten 47,8 Prozent nach wie vor auf eine regelmäßige Bestandsaufnahme ihrer installierten Software.[1]

*Budgets der IT-Abteilungen senken*

Einsparungen bei zuviel gekauften Lizenzen werden für die Budgets von IT-Abteilungen immer wichtiger. Das Problem der genauen Lizenzverfolgung und Beurteilung des tatsächlichen Bedarfs ist allerdings nicht zu unterschätzen.

*Toolunterstütztes Asset-Management*

Die genaue Verwaltung der gekauften und genutzten Lizenzen wird dadurch für jeden Anwender immer wichtiger. Ohne Softwareunterstützung ist diese Verwaltung in größeren Unternehmen nicht mehr denkbar. Ein solches Assetmanagement (SAM = Software Asset Management) wird zum Teil auch von denselben Firmen angeboten, die Lizenzierungstools vertreiben.

*SAM-Tools kommunizieren mit Lizenzserver*

Sie könnten Ihren Kunden die Lizenzierung – und die mit ihr einhergehende kompliziertere Installation – dadurch schmackhaft machen, dass Sie ihnen gleichzeitig Software für das Asset-Management verkaufen. Diese Software ist auf den verwendeten Lizenzserver und die von ihm verwalteten Lizenztypen abgestimmt, kann aber in der Regel alle Software im Netzwerk finden und daraus in einem ersten Schritt Reports erstellen. Solche Reports sind dringend erforderlich, um Konsequenzen für den richtigen Lizenzeinkauf zu ziehen, und für die konsequente automatische Verfolgung der Lizenznutzung.

*Komponenten des SAM*

Software Asset Management besteht also im wesentlichen aus drei Komponenten:

- **Analyse:** alle Rechner im Firmennetzwerk werden auf installierte Software untersucht. Die hierzu angebotenen Tools werden als tracking oder auditing tools bezeichnet.
- **Zentrales Verzeichnis:** die Ergebnisdaten der Analyse sowie die laufend neu erworbenen Lizenzen werden in einer zentralen Datenbank gespeichert und können nach verschiedenen Gesichtspunkten ausgewertet werden.
- **Nutzungsgrad:** auf allen Rechnern wird ermittelt, welche Software mit welcher Häufigkeit genutzt wird. Dies sind sogenannte usage tools.

[1] http://www.bsa.de/infosundtools/softwaremanagement.phtml

Unterstützt durch SAM Software legalisieren Ihre Kunden damit nicht nur ihre gesamten Software-Nutzungen, sondern sparen darüber hinaus auch noch Geld, da kein überflüssiger Overhead an Lizenzen eingekauft wird. Man rechnet damit, dass sich ein Assetmanagement trotz der Kosten für das Tool und der notwendigen Aktivitäten innerhalb von 12 Monaten bereits bezahlt macht.

*Legale Softwarenutzung und Einsparungen*

Die Investitionen für SAM umfassen allerdings nicht nur den Erwerb der Softwaretools. Die Experten der Softwareindustrie sind sich darin einig, dass alle Bereiche des Unternehmens und alle Anwenderabteilungen in einen komplexen Prozessablauf eingebunden werden müssen, der ständig erneuert und korrigiert wird. Hierin ähnelt die Einführung von SAM sehr dem Umfang eines Lizenzierungsprojektes, diesmal aber auf Kundenseite.

*Notwendige Investitionen*

Software Asset Management ist auch als Service denkbar, der komplett von Ihrer Seite angeboten wird. Hierzu mehr im Kap. 13: „Die Zukunft der Software-Distribution: ESD und ELD".

*SAM als Service anbieten*

# 4 Start des Lizenzierungsprojektes

## 4.1 Definition und Ziele des Projektes

*Klare Projektziele*

Wie jedes Projekt, sollte auch ein Projekt zur Software-Lizenzierung klar definiert und aufgesetzt werden. Die Besonderheiten des Projektes wurden schon an anderer Stelle erläutert.

**Besonderheit des Projekts**

*Knowhow und Weitsicht erforderlich*

Die Einführung einer Lizenzierung ist weit mehr als ein Entwicklungsprojekt. Eine ganze Reihe von Unternehmensbereichen sind betroffen, Prozesse müssen verändert werden. Dies erfordert ein umfassendes Knowhow und ungewöhnliche Weitsicht des Projektteams.

**Projektleiter und Projektteam**

*Projektteam*

Das Projektteam setzt sich idealerweise aus einem Kernteam zusammen, das auf eine Reihe von unternehmensinternen Beratern oder Ansprechpartner zurückgreifen kann. Zu Beginn reicht ein Projektleiter, der dann aber schnell im Laufe des Pilotprojektes um ein bis zwei Mitarbeiter ergänzt werden sollte.

**Budgetplanung**

*Zweistufige Budgetplanung*

Die Budgetplanung für das Projekt sollte zweistufig sein: 1. Durchführung des Pilotprojekts, 2. Einbeziehen weiterer Produkte und Berücksichtigung laufender Kosten.

**Pilotstudie, Produkt**

*Mit Pilotstudie beginnen*

Es empfiehlt sich unbedingt, die Lizenzierung als Pilotprojekt mit einem einzelnen Softwareprodukt einzuführen. Alle notwendigen technischen Maßnahmen und Prozessänderungen kann man so leicht anpassen und optimieren. Sobald der Gesamtprozess von der Bestellung bis zur Installation steht, lässt sich die Lizenzierung gefahrlos auf weitere Produkte ausdehnen.

**Zeithorizont**

*Planung in mehreren Phasen*

Die zeitliche Planung sollte berücksichtigen, dass beim Pilotprojekt sehr viele Details zu klären sind, die sich auf Verfahrensabläufe beziehen. Außerdem wird das Lizenzierungsteam zu Beginn meist klein sein. Also sollten Sie genug Zeit für die Pilotphase einplanen. Die Einbeziehung weiterer Produkte sollten Sie phasenweise planen, d.h. dass Sie jeweils Gruppen von 3–5 Produkten im Quartals- oder Halbjahresabstand dazunehmen.

**Toolauswahl**

*Toolauswahl kann entscheidend sein*

Im nächsten Abschnitt gehen wir auf die Toolauswahl ein. Die Auswahl des Tools kann entscheidend für den Erfolg oder Misserfolg Ihres Lizenzierungsprojektes sein.

## 4.2 Dreizehn Schritte zur Auswahl des Lizenzierungstools

*Gründe für Unsicherheiten bei der Toolauswahl*

Die Auswahl des richtigen Lizenzierungstools ist der wichtigste und gleichzeitig einer der schwierigsten Schritte. Dies hat mehrere Gründe. Wenn Sie sich als Firma entschlossen haben, Ihre Softwareprodukte mit einer Lizenzierungs-Software zu versehen, dann sind Ihnen in der Regel die Produkte dafür unbekannt. Eventuell wissen Sie auch noch gar nichts über die Prinzipien, nach denen diese Tools im allgemeinen arbeiten. Ohne diese Kenntnis wissen Sie natürlich auch nicht, worauf es bei diesen Tools ankommt und welche verfügbaren Leistungsmerkmale Ihnen Vor- oder Nachteile bringen könnten.

*Leitfaden für die Toolauswahl*

Obwohl es keine festgelegte Reihenfolge für die notwendigen Schritte bei der Toolauswahl gibt, möchte ich Ihnen doch einen Leitfaden an die Hand geben, den Sie als Checkliste verwenden können.

Die Punkte, die im Folgenden erläutert werden, sind noch einmal am Schluss des Kapitels in verkürzter Form zusammengefasst.

### 4.2.1 Produkt-Recherche und Knowhow-Gewinnung

*Wie erwirbt man Knowhow?*

Zuallererst sollten Sie ein rudimentäres Verständnis darüber erwerben, wie Lizenzierungstools prinzipiell arbeiten. Hier kann Ihnen das Internet weiterhelfen, bzw. dieses Buch, besonders die Kap. 2, 5 und 7, sowie die Internetadressen im Anhang. Geeignete Suchbegriffe im Internet sind „software licensing“ oder „licensing tools“. Das dadurch gewonnene Knowhow können Sie nach und nach verfeinern, entweder wiederum durch das Internet oder durch Prospekte der Hersteller, die Sie sich zusenden lassen. Eine Präsentation der Produkte in Ihrem Hause ist erst dann sinnvoll, wenn Sie Ihre eigene Zielsetzung genau kennen. Oft ergibt sich diese als Kombination der Wünsche von Entwicklung, Vertrieb und Marketing und andererseits aus den Erkenntnissen der Möglichkeiten des Lizenzierungstools.

### 4.2.2 Produktmarketing

*Ausgangspunkt Produktmarketing*

Sie werden mit vielen Abteilungen in Ihrem Unternehmen sprechen müssen, aber die erste Adresse ist das Produktmarketing, falls der Anstoß zur Lizenzierung nicht überhaupt durch diese Instanz gekommen ist. Dort kennt man das derzeitige Verkaufsmodell Ihrer Produkte am besten und hat im Idealfalle auch schon Vorstellungen darüber, wie man in Zukunft gerne lizenzieren würde. Hier sollten Sie alle Bedürfnisse aufnehmen, die Sie dann den Herstellern der Lizenzierungssoftware übermitteln können.

*Definieren der Produkte*

Mit dem Produktmarketing sollten Sie auch klären, mit welchen Produkten man den Lizenzierungsprozess beginnen möchte und für welche anderen Produkte die Lizenzierung in der Zukunft interessant sein könnte. Die Kollegen dort werden Ihnen sicherlich auch gerne dabei behilflich sein, Kontakte zu Produktmanagern und anderen Abteilungen zu knüpfen.

*Betriebssystem*

Zusammen mit Produktmarketing und Entwicklung ist auch zu klären, auf welchen Plattformen man in Zukunft entwickeln möchte. Nicht alle Lizenzierungstools laufen auf mehreren Betriebssystemen.

*Härtegrad der Verschlüsselung*

Außerdem sollte man sich schon von vornherein klar darüber sein, wie hoch die Sicherheitsanforderungen an eine Lizenzierungsmethode sein sollen. Reicht es zum Beispiel aus, nur den Kundennamen für Lizenzierungsschlüssel zu verwenden oder muss er an eine Hardware des Kunden gekoppelt sein? Mit anderen Worten, strebe ich eine harte und sichere Verschlüsselungsmethode an oder eher eine weiche, die aber leichter umgangen werden kann?

*Welche Datenbank ist geeignet?*

Auch der Einsatz der zentralen Lizenzierungsdatenbank ist eine strategische Entscheidung, die mit dem Produktmarketing, aber auch dem Support besprochen werden sollte. Einige Hersteller von Lizenzierungstools bringen ihre proprietäre Datenbank mit, andere nur einen „Schnittstellen-Baukasten", der dann aber flexibler an eigene Datenbanken angekoppelt werden kann. Da das Produktmarketing aus einer Lizenzdatenbank ausgesprochen vielseitige und aussagekräftige Reports herausziehen kann, die für Marketing und Vertrieb verkaufstechnisch genutzt werden können, ist die Entscheidung für die Lizenzdatenbank eines bestimmten Herstellers in ihrer Wichtigkeit nicht zu unterschätzen.

## 4.2.3 Software-Entwicklung

*Programmiersprachen und Betriebssysteme*

Als nächstes sollten Sie mit der Softwareentwicklung sprechen. Hier erfahren Sie etwas über die Art der Software, die lizenziert werden soll, in welchen Programmiersprachen sie geschrieben wurde, sowie über die Plattform, auf der sie im Moment läuft oder in Zukunft laufen soll. Ein Beispiel: das zu lizenzierende Produkt läuft zur Zeit auf Windows-NT, die nächsten Versionen sind aber für eine Sun-Plattform geplant. Dies hat unmittelbare Auswirkungen auf die Auswahl des geeigneten Tools!

## 4.2.4 Unternehmensprozesse

*Problemlose Handhabung der Lizenzfiles*

Der nächste Schritt, nämlich Aneignen von Kenntnissen über Bestell- und Auslieferungsprozesse des Unternehmens, könnte etwas schwieriger werden (ist aber eine großartige Gelegenheit, Unternehmensbereiche kennenzulernen, von denen Sie vielleicht noch gar nichts wussten...). Die Kenntnis der Auslieferungsprozesse bis zur Installation ist aus einem bestimmten Grunde wichtig: Die auf dem Markt befindlichen Lizenzierungsprodukte unterscheiden sich in der Art und Weise, wie Lizenzfiles erzeugt, verwaltet und vor Ort beim Kunden gehandhabt werden. Ziel Ihres eigenen Unternehmens muss es natürlich sein, das Handling vor Ort so unkompliziert wie möglich zu gestalten. Dazu muss es sich im Idealfalle fast nahtlos in bestehende Prozesse einfügen. Kennen Sie die Auslieferungsprozesse, dann können Sie den Herstellern der Lizenzierungssoftware auch interessante Fragen stellen und so die Auswahl auf die für Sie geeigneten Tools weiter eingrenzen.

Beispielsweise werden Lizenzfiles entweder per Email versandt oder vom Kunden oder Ihrem eigenen Support über ein Webinterface „abgeholt". Die Art und Weise, wie ein Lizenzfile problemlos zur Verfügung gestellt werden kann, beeinflusst direkt die Akzeptanz des Produktes beim Kunden oder dem technischen Personal, das die Software installiert.

### 4.2.5 Einbindung in ERP-Systeme

*Einfache ERP-Anbindung*

Klären Sie, welche Bestell- und Buchungssysteme Sie in Ihrer Firma verwenden. Dies können komplexe ERP-Systeme sein, wie SAP R/3 oder kleinere Softwarelösungen. Interessant ist, ob ein Verwalten und Erzeugen der Lizenzen in irgendeiner Weise in die vorhandene Software integriert werden kann oder ob zumindest Kundendaten in eine externe Lizenzdatenbank übernommen/exportiert werden können. Streben Sie für den Anfang keine „Superlösung" an, sondern etwas Praktikables und Einfaches (siehe hierzu Kap. 11: „Integration mit ERP-Systemen"). Trotzdem sollten Sie wissen, ob die in Betracht gezogenen Lizenzierungstools eine ERP-Integration oder eine solche mit CRM-Tools (siehe hierzu Kap. 11.8: „Anbindung von CRM-Systemen") vorsehen. Manchmal gibt es Kooperationen mit anderen Firmen, die eine solche Ankoppelung oder Integration ermöglichen.

### 4.2.6 Produktpräsentationen

*Einladungsliste zur Präsentation gut überlegen*

Jetzt ist der Zeitpunkt gekommen, dass Sie die Hersteller der marktgängigsten Tools einladen können. Einige Firmen finden Sie im Anhang genannt. In der Regel reicht eine ein- bis zweistündige Demonstration aus, gefolgt von Diskussion und Fragen. Eine Demo-Version wird oft schon im Vorfeld von diesen Firmen zur Verfügung gestellt. Manche Hersteller ermöglichen es Ihnen auch, ihre Demo-Software aus dem Internet herunterzuladen. Die Einladungsliste zu diesen Produktdemonstrationen will gut überlegt sein.

Das Top-Management sollte in jedem Fall dabei sein, desgleichen Produktmarketing, Entwicklung und Support.

### 4.2.7 Verträge und Kosten

*Gravierende Unterschiede bei Vertragsgestaltung*

Für die Entscheidungsfindung sind natürlich nicht nur die technischen Leistungsmerkmale der Tools entscheidend, sondern auch die Kosten, die auf Ihr Unternehmen zukommen werden. Hier unterscheiden sich die Hersteller grundlegend. Während die einen eine Art Leasingvertrag anbieten, der sich in der jährlichen Höhe nach den Umsätzen richtet, die Sie mit der lizenzierten Software erzielen, erheben die anderen Gebühren, die sich nach der Stückzahl der verkauften lizenzierten Produkte richten. Wieder andere überlassen Ihnen ihre Software für einen Einmalbetrag, erheben aber jedes Mal eine zusätzliche Gebühr, wenn Sie die Plattform wechseln oder einen Entwicklungsstandort mit hinzunehmen. Die Hersteller lassen Ihnen auf Wunsch Musterverträge zukommen, oft aber erst dann, wenn Sie bestimmte Verkaufsszenarien offengelegt oder diese zumindest definiert haben.

### 4.2.8 Referenzkunden

*Referenzkunden liefern wichtige Informationen*

Lassen Sie sich Referenzkunden nennen, die Sie vor einer Entscheidung kontaktieren. Oft liefern solche Gespräche noch wichtige Aufschlüsse für die eigene Entscheidung.

### 4.2.9 Support

*Support im Inland?*

Bei einem ausländischen Hersteller ist natürlich darauf zu achten, ob es eine lokale Support- oder auch Entwicklungsmannschaft gibt. Support wird in der Regel per Email oder Telefon geleistet, aber manchmal könnte ein persönlicher Einsatz des Hersteller-Supports erforderlich sein. Diese Leistungen müssen separat bezahlt werden, die Anreise aus dem Ausland würde das Produkt langfristig weiter verteuern.

### 4.2.10 Bewertungsmatrix

Im Anschluss an die Produkt-Demonstrationen haben Sie sehr viel Material zur Verfügung, das Ihnen eine Entscheidung für das geeignete Produkt jetzt möglich machen sollte. Um diese Entscheidung vorzubereiten, empfiehlt es sich, eine Matrix oder Tabelle mit allen möglichen Leistungsmerkmalen, die Sie kennengelernt haben, anzulegen. Dadurch können Sie nicht nur bei allen Leistungsmerkmalen vergleichen, welcher Hersteller sie überhaupt anbietet oder mit welchem Komfort, sondern Sie können auch mit farbigen Markierungen die Highlights oder Minuspunkte deutlich herausstellen. Am Ende der Liste sollte man die Plus- und Minuspunkte noch einmal zusammenfassen, denn Ihr Vorgesetzter oder die Entscheidungsträger lesen sich allenfalls die Zusammenfassung durch, selten die Details.

*Vergleich aller Funktionen in einer Tabelle*

Eine weitere Tabelle könnte die Hauptfunktionen und Leistungsmerkmale beinhalten, die Sie von einem Lizenzierungstool erwarten. Hier wäre dann bei jedem der zur Auswahl stehenden Tools anzukreuzen, ob das Merkmal vorhanden ist oder in naher Zukunft zu erwarten ist. (Siehe Anhang: „Checkliste zur Evaluierung von Lizenzierungstools“).

*Reduzierte Tabelle mit wichtigsten Kriterien*

### 4.2.11 Zukünftige Leistungsmerkmale

Bei versprochenen zukünftigen Funktionen der Tools, die also im Moment noch nicht verfügbar sind, empfiehlt es sich, bei jedem Detail noch einmal telefonisch oder per Email nachzufragen, ob und wann es wirklich geliefert wird. Oft stellt sich dann noch nachträglich heraus, dass dies Wunschvorstellungen der Vortragenden waren, die aber in absehbarer Zeit doch nicht realisiert werden.

*Überprüfen von mündlichen Zusagen*

### 4.2.12 Entscheidung

Jetzt sind Sie gerüstet, um eine Entscheidung zu treffen. Diese Entscheidung wird in den meisten Unternehmen durch ein Gremium getroffen oder durch ein solches Gremium für die Entscheidung durch das Top-Management vorbereitet. Je nach Auswahl des Teilnehmerkreises, d.h. geschickt oder ungeschickt, kann es Ihnen

*Geschickte Wahl des Gremiums*

passieren, dass Sie anschließend das Ergebnis noch anderen Gremien vortragen müssen, um auch deren Bewilligung zu bekommen. Achten Sie also besser gleich darauf, wer bei der entscheidenden Sitzung teilnimmt. Die Entscheidung sollte auf jeden Fall dokumentiert werden, damit sie später auch von allen getragen wird. In jedem Falle sollte die Entscheidung, welches Lizenzierungstool langfristig eingesetzt werden soll, von Entwicklung, Produktmarketing und Top-Management gleichermaßen getragen werden.

### 4.2.13 Vertragsverhandlungen

*Entscheidungshilfe durch Verhandlungsergebnisse*

Die Vertragsverhandlungen können schon beginnen, bevor die endgültige Entscheidung für ein zur Auswahl stehendes Lizenzierungstool gefallen ist. Im voraus erzielte Preisreduzierungen können natürlich die Entscheidung für ein Produkt erheblich beeinflussen. Sie können auch schon im Vorfeld klären, ob die Vertragsmodelle der favorisierten Firmen auf die Zustimmung von Produktmarketing, Einkauf, Entwicklung und Geschäftsleitung stoßen.

*Wichtige Vertragsdetails*

Achten Sie bei den Vertragsverhandlungen auch auf die folgenden Punkte: Bieten die Verträge genügend Flexibilität für Produkt- und Plattform-Erweiterungen? Wie können Sie sich bei jährlichen Laufzeiten gegen zukünftige drastische Preiserhöhungen absichern? Gibt es Evaluierungsversionen, und wie lange kann man mit diesen arbeiten? Kosten zusätzliche Entwicklungsstandorte zusätzliche Gebühren, beeinflusst dies die Supportleistungen? Welche Schulungen gibt es – evtl. schon als Teil des Vertrages – und was kosten diese?

*Entscheidung für das geeignetste Vertragsmodell*

Achten Sie auch darauf, dass die Hersteller sehr unterschiedliche Vertragsmodelle anbieten. Während die einen nach verkauften und lizenzierten Stückzahlen berechnen, basieren andere ihre Lizenzgebühren auf dem Unternehmensumsatz mit der lizenzierten Software. Während die einen Leasingverträge abschließen, kann man von anderen das komplette Produkt mit allen Rechten kaufen. Ebenso spielt die Anzahl der Entwicklungsstandorte eine Rolle sowie die Softwareplattformen als auch die Anzahl der lizenzierten Produkte (siehe auch weiter oben unter Punkt 7). Diese unterschiedlichen Vertragsmodelle machen zum einen den Vergleich der Lizenzierungsprodukte nicht immer leicht, zum anderen ermöglichen Ihnen aber diese verschiedenen angebotenen Modelle, die für Ihr Unternehmen geeignete Version zu wählen.

**Zusammenfassung**
Folgende Schritte und Themen sollten Sie bei der Toolauswahl beachten:

*Zusammenfassung aller Schritte*

- *Knowhow über Lizenzierungs-Software gewinnen*
- *Abklärung mit dem Produktmarketing*
- *Gespräche mit der Software-Entwicklung*
- *Unternehmensprozesse*
- *Einbindung in ERP-Systeme*
- *Einladen zu Produktpräsentationen*
- *Verträge und Kosten*
- *Referenzkunden*
- *Support*
- *Bewertungsmatrix*
- *Abklären der versprochenen Leistungsmerkmale*
- *Entscheidung*
- *Vertragsverhandlungen*

## 4.3 Wichtige Aspekte – mögliche Fehler

*Wer gab den Auftrag für das Projekt?*

Als Projektleiter sollten Sie in unbedingt in Erfahrung bringen, wer den Anstoß dazu gegeben hat, dass Sie mit einem Lizenzierungsprojekt beauftragt werden. Geschah dies auf Betreiben der Entwicklung oder des Marketings? Steht die Geschäftsleitung bereits hinter dem Projekt oder muss sie erst überzeugt werden?

*Lizenzierung bedeutet Veränderung*

Sie werden möglicherweise feststellen, dass zum Thema Lizenzierung zwar jeder im Unternehmen eine Meinung hat und dass diese Meinungen sich sehr unterscheiden, letztlich finden Sie aber möglicherweise wenige, die aktiv daran mitarbeiten wollen. Lizenzierung bedeutet Veränderung, das spüren sofort alle Gesprächspartner. Veränderung bedeutet in der Regel zusätzliche Belastung, neue Überlegungen zu Manpower und Budgets, Terminverzüge bei Softwarereleases und Komplikationen für den Support. Mit anderen Worten: Sie werden mit einigen Widerständen rechnen müssen und bald feststellen, dass die eigentliche Schwierigkeit bei der Einführung eines Lizenzierungsprozesses nicht die Softwaretechnik selbst oder die Logistik ist, sondern die Menschen, die Sie im gesamten Unternehmen bewegen müssen!

*Interne Verkaufsgespräche*

Achten Sie also darauf, dass Sie möglichst frühzeitig die „Absegnung" der Geschäftsleitung erhalten und das Topmanagement auf Ihrer Seite steht. Andernfalls erschöpfen Sie sich möglicherweise in internen „Verkaufsgesprächen" zum Thema Lizenzierung.

*Klein beginnen!*

Ein Fehler, der häufig begangen wird, hat mit der Größe des Projektes zu tun. Ein Lizenzierungsprojekt, das alle Produkte sofort mit einbinden will und eine volle Integration in Auftragsabwicklung und Buchungssoftware (z.B. SAP R/3) oder andere ERP[1]-Systeme anstrebt, ist höchstwahrscheinlich zum Scheitern verurteilt. Sie müssen zu viele Menschen bewegen, und die Kosten wachsen schnell zu Summen, die kein Manager tragen möchte. Schließlich will man ja durch die Lizenzierung die Verluste verringern, die durch Software-Raub entstehen oder zusätzliche Gewinne durch flexiblere Verkaufs- bzw. Lizenzierungsmodelle erzielen, aber nicht ausschließlich mit höheren Kosten rechnen.

*Kosten-Nutzen-Analyse*

Eine sorgfältige Kosten-Nutzen-Analyse (siehe Kap. 3: „Aufwände oder Gewinne durch Lizenzierung") hilft im Vorfeld allen beteiligten Bereichsleitern. Aber seien Sie vorsichtig: Wenn Sie alle Kosten mit einbeziehen, die in allen betroffenen Bereichen bis hin zum letzten Mitarbeiter entstehen könnten, werden Sie jeden durch die hohen Kosten erschrecken, die bei solch einer Kalkulation zusammenkommen. Gehen Sie einfach davon aus, dass es zum normalen Arbeitspensum eines jeden Mitarbeiters zählt, auch mit solcherart veränderten Situationen fertigzuwerden, wie sie die Einführung einer Lizenzierung darstellt. Mit anderen Worten ausgedrückt: die Kosten für kleinere Programm- oder Prozessänderungen sollten Sie nicht separat berücksichtigen.

## 4.4 Richtig präsentieren

*Firmeninterne Präsentation*

Der Projektleiter des Lizenzierungsprojektes wird nicht nur mit vielen Bereichen und Abteilungen des Unternehmens Kontakt aufnehmen, sondern auch Verständnis für die Notwendigkeit und die Vorteile der Lizenzierung seiner Software-Produkte wecken müssen. Zu diesem Zweck bieten sich firmeninterne Präsentationen über das Thema Lizenzierung an.

[1] ERP = Enterprise Resource Planning

*Die Einladungsliste*

Die Einladungsliste will gut überlegt sein. Sie wollen sich auf jeden Fall der Unterstützung des Managements sicher sein. Die Bereichsleiter von Produktmarketing. Vertrieb, Entwicklung und Logistik gehören also auf jeden Fall auf die Liste. In einem zweiten Meeting könnten Sie dann die Kollegen der Entwicklung einladen, die als erste den direkten Kontakt zum Lizenzierungstool bekommen und auch für die notwendigen Änderungen im Programmcode und der Installation sorgen. Das Produktmarketing ist in einem zusätzlichen Treffen über alle Möglichkeiten der Vermarktung lizenzierter Software zu informieren.

*Vorzutragende Themen*

Die erste Präsentation für das Management bzw. die Bereichsleiter sollte auf jeden Fall die folgenden Themen umfassen:

- Derzeitige Softwareumsätze, Verluste durch illegalen Softwareeinsatz
- Kosten-Nutzen-Analyse der geplanten Lizenzierung
- Vorstellen des ausgewählten Lizenzierungstools
- Vorstellung des Pilotprojektes
- Erläuterung von Technik und Logistik der Lizenzierung
- Neue Möglichkeiten für das Produktmarketing
- Zeitplan für die Realisierung des Pilotprojektes
- Termin für nächste Präsentation

*Kosten und Nutzen*

Manager sehen vor allem auf die Kosten und den zu erwartenden Nutzen. Ihre Kosten-Nutzen-Analyse muss kurz und prägnant sein sowie den Eindruck vermitteln, dass Sie sich sehr wohl über die zu erwartenden Aufwände im klaren sind, auch über versteckte Nebenkosten. Auf der anderen Seite dürfen Sie verständlicherweise die Kosten nicht zu sehr überbetonen. Alle neuen Wege verlangen erst einmal Investitionen. Siehe hierzu auch Kap. 3: „Aufwände oder Gewinne durch Lizenzierung“.

*Technische Details einfach halten*

Die Darstellung der verwendeten Lizenzierungstechnik und der Distribution lizenzierter Produkte ist wichtig, sollte aber bewusst einfach gehalten werden. Manager wollen allenfalls das Prinzip verstehen, sich aber nicht mit den Details abgeben.

*Keine Erschwernisse für den Vertrieb*

Der Vertrieb ist vor allem daran interessiert, dass das Abschließen neuer Verträge nicht durch die Lizenzierung behindert wird. Dies soll heißen, dass Rabatte und kostenfreies Überlassen einzelner Produkte oder Funktionen sowie Demo-Versionen weiterhin möglich sein müssen.

*Vorher Pros und Contras sammeln*

Es empfiehlt sich, eine solche Präsentation der Lizenzierung durch vorherige Gespräche mit Mitarbeitern der einzelnen Bereiche gut vorzubereiten. Kennen Sie die Pro- und Contra-Argumente schon vorher, können Sie problemlos Ihre Präsentation daran ausrichten und auf diese Punkte besonders eingehen.

*Nächste Veranstaltung ankündigen*

Die Ankündigung einer zweiten Präsentation ist sinnvoll, um während oder gegen Ende des Lizenzierungsprojektes über den aktuellen Stand zu informieren und wenn möglich die Lizenzierung praktisch zu demonstrieren. Dies weckt zusätzliches Vertrauen und motiviert dazu, weitere Produkte in die Lizenzierung mit einzubeziehen.

*Neue Vermarktungsmöglichkeiten*

Weitere Präsentationen für Produktmarketing und Entwicklung haben einen anderen Charakter. Hier werden Sie auf die jeweils relevanten Details eingehen. Das Marketing ist daran interessiert, welche zusätzlichen Vermarktungsmöglichkeiten sich dadurch ergeben, dass ein Produkt durch Lizenzierung eine sehr detaillierte Preisstaffelung bekommen könnte. Natürlich sind auch Reports interessant, die der Lizenzgenerator erzeugen kann, sortiert nach Kunde, Produkt und Version. Hieraus können gezielte Marketing-Aktionen abgeleitet werden.

*Technische Details für die Entwicklung*

Die Entwicklung will die Details der Lizenzierungsprozesse verstehen, welche APIs das Lizenzierungstool beinhaltet, welche Funktionsaufrufe zur Verfügung stehen, welche Administrations-Tools der Lizenzserver bietet und welche Problemfälle programmtechnisch abzufangen sind.

*Demo-Versionen zur Verfügung stellen*

Allen Bereichen, also nicht nur der Entwicklung, sollten Sie Präsentationen und Demo-Versionen des Herstellers zur Verfügung stellen. Der direkte Kontakt mit dem Tool weckt Vertrauen und beseitigt etwaige Berührungsängste.

*Gründliche Vorbereitung und professionelle Durchführung*

Eine gelungene Präsentation öffnet Ihnen viele Türen im Unternehmen. Die gründliche Vorbereitung und professionelle Durchführung ist ein wichtiger Baustein in Ihrem Lizenzierungsprojekt.

# 5 Das Lizenzmodell – Kernstück der Lizenzierung

## 5.1 Verkaufspositionen – Marketingkonzept – Lizenzfiles

*Lizenzmodell als tragendes Konzept*

Das Lizenzmodell ist das Kernstück der Lizenzierung. Es muss zwischen Vertrieb, Produktmarketing, Entwicklung und Support ausgehandelt werden. Aufgrund seiner zentralen Rolle im Lizenzierungsprozess widmen wir ihm ein eigenes Kapitel. Das Lizenzmodell ist das bestimmende Konzept – nicht nur für die Lizenzierung als Gesamtprojekt, sondern auch dafür, in welchen Variationen Sie als Unternehmen Ihre Software verkaufen möchten, welche Art von Lizenzfiles Sie erstellen müssen und welche lizenzierten Leistungsmerkmale Sie zur Programmlaufzeit abfragen möchten. Schließlich berührt das Lizenzkonzept auch die Art der Installation beim Kunden. Kurz gesagt: als tragendes Konzept wirkt sich das Lizenzmodell von Verkauf und Bestellung bis zu Installation und Support aus.

*Verschiedene Lizenzierungsvarianten*

Zuallererst ist das Lizenzmodell etwas Abstraktes: eine Vereinbarung oder auch nur ein Beschluss des Produktmarketings, Software-Produkte in bestimmten Staffelungen und Leistungsvarianten zu verkaufen. Es kann der Wunsch bestehen, Software-Produkte als Ganzes zu lizenzieren oder nur einzelne Leistungsmerkmale dieser Produkte. Man möchte die Lizenzen von der Anzahl Benutzer abhängig machen oder vom Nutzungszeitraum der Software; man will dem Kunden Demo-Lizenzen zur Verfügung stellen oder TBYB[1]-Versionen; man möchte Einzellizenzen oder Firmenlizen-

[1] TBYB = Try Before You Buy = „Probier die Software aus, bevor Du sie kaufst“

zen anbieten. Eine Auflistung der Lizenzierungsmöglichkeiten finden Sie weiter unten im Abschnitt „Lizenzierungsarten“ .

*Kein Alleingang des Produktmarketings*

Das vollständige Lizenzmodell aufzustellen, wäre dem Produktmarketing im Alleingang theoretisch möglich. Dabei wären aber nicht die Konsequenzen für Vertrieb, Entwicklung und Support/Service berücksichtigt. Im Folgenden werden einige Themen besprochen, die mit anderen Abteilungen zu koordinieren sind, wenn es darum geht, ein Lizenzierungsmodell in Form von Verkaufspositionen konkret und im Detail zu definieren.

### 5.1.1 Vertrieb

*Absprachen mit dem Vertrieb erforderlich*

Das abstrakte Lizenzmodell schlägt sich irgendwann als eine Liste von Verkaufspositionen nieder. Diese Positionen müssen für den Vertrieb handhabbar und klar zu verstehen sein und vor allem den Bedürfnissen der Kunden entsprechen. Hier gilt es also, sich mit dem Vertrieb abzusprechen. Vergangene Absprachen sind im Moment der Einführung einer elektronischen Lizenzierung überholt. Durch die elektronische Lizenzierung bieten sich vielfältige neue Möglichkeiten, die vorher in dieser Form wahrscheinlich noch gar nicht zur Diskussion standen. Umgekehrt müssen nicht alle neuen Möglichkeiten in den Augen des Vertriebs auch sinnvoll sein. In jedem Fall haben Ihre Vertriebsrepräsentanten ein starkes Interesse an problemlos installierbaren Demo-Versionen, die keiner strengen Lizenzierung unterliegen.

### 5.1.2 Bestellabwicklung – Buchführung

*Aufwand durch geänderte Verkaufspositionen*

Verkaufspositionen gehen nicht nur in die Produktlisten des Vertriebs ein, sondern sind auch wahrscheinlich in diversen Softwarepaketen zu berücksichtigen, die firmenintern den Vertrieb unterstützen, die Bestellung entgegennehmen und schließlich auch verbuchen. Je nachdem wie gut diese Pakete schon aufeinander abgestimmt sind, kann ein enormer Aufwand entstehen, wenn sich aufgrund der Lizenzierung alle Bestellpositionen ändern oder vervielfältigen sollten.

Aber auch andere Details sind im Zuge der Einführung einer elektronischen Lizenzierung zu berücksichtigen. Zum Beispiel prüft Ihre Software zur Erfassung der Bestellung oder des Auftragseingangs u.U. nach, ob diverse Bestellpositionen zueinander passen oder ob etwas vergessen wurde. Diese Zusammenhänge müssen bei einem neuen Lizenzierungsmodell ebenfalls neu erstellt werden.

*Programme zur Konfigurationsüberprüfung anpassen*

Ein weiteres Problem betrifft den Installationsort: Damit der Lizenzgenerator später entscheiden kann, ob es sich bei der Bestellung eines größeren Kunden um den gleichen Installationsort handelt, das gleiche IT-Netzwerk oder vielleicht um eine ganz andere Filiale bzw. Niederlassung, könnte es notwendig sein, Ihre Auftrags- oder Verbuchungssoftware um entsprechende Felder zu erweitern. Andernfalls werden Sie Schwierigkeiten dabei haben, automatisch zu erkennen, ob es sich um ein Update auf eine vorhandene oder eine neue Installation handelt.

*Zusätzliche Angaben bei der Bestellung*

Ganz allgemein werden Sie feststellen, dass viele Vorgänge, die früher problemlos abliefen, jetzt im Detail neu geklärt werden müssen. Sowie Sie Lizenzerteilungen softwaretechnisch abprüfen und Ihre Auftragsbearbeitung und Lieferprozesse daraufhin verändern, müssen Sie alle möglichen Sonderfälle stärker als zuvor berücksichtigen und Ihre neuen Abläufe daraufhin anpassen. Denken Sie nur an die Integration von ERP-Systemen und Lizenzdatenbank. Je größer Ihr Unternehmen ist, desto größer ist auch die Wahrscheinlichkeit, dass viele Vorgänge an einer zentralen Erfassung vorbeigelaufen sind, z.B. kostenlose Software-Updates, die zwar geliefert oder installiert worden sind, aber zentral nicht nachgeführt. Brauchen Sie für solche Updates auch neue Lizenzen, stellt sich sofort die Frage des Abgleichs mit dem ERP-System.

*Lizenzierung erzwingt genauere Prozessabläufe*

### 5.1.3 Lizenzverträge

Die Einführung einer elektronischen Lizenzierung für Ihre Produkte verändert auch die Rechtslage sowohl für den Kunden als auch für Sie als Lieferanten. Bislang hatten Sie entweder Nutzungsverträge für Ihre Software, deren Einhaltung Sie aber nicht überprüfen konnten, oder Sie haben sogar auf Nutzungsverträge verzichtet, gerade weil Ihnen die Kontrolle nicht möglich war.

*Kontrolle von Nutzungsverträgen*

Je nachdem wie Sie jetzt im Rahmen der Einführung der elektronischen Lizenzierung Ihre Verkaufsmodelle gestalten, können Sie nicht gekaufte Leistungsmerkmale sperren oder die Anzahl Nutzer oder Clients begrenzen, die auf Ihre Applikation zugreifen. Dies

*Vertragsanerkennung am Bildschirm*

sollte sich auch in einem entsprechend angepassten Nutzungsvertrag widerspiegeln. Für die Vertragsanerkennung durch den Kunden gibt es heute eine recht einfache Lösung. Die Installation zeigt den Nutzungsvertrag, der natürlich auch ausgedruckt werden kann, am Bildschirm an und verlangt eine Bestätigung vom Kunden. Tut er dies nicht, bricht die Installation ab.

*Literaturverweise zu juristischen Fragen*

Auf weitere juristische Aspekte soll hier nicht eingegangen werden, denn die juristischen Feinheiten und Probleme von Lizenzierungsverträgen sind in der Literatur genügend behandelt (siehe Abschnitt: „Internetadressen und Literatur"). Die elektronische Lizenzierung ist lediglich das softwaretechnische Mittel, um die Einhaltung des Nutzungsvertrages zu erzwingen.

### 5.1.4 Entwicklung

*Entwicklungsaufwände minimieren*

Die Software-Entwicklung wird sich mit den technischen Details der Lizenzierungstools beschäftigen müssen. Dazu gehören die Programmaufrufe an den Lizenzserver, um die Gültigkeiten diverser Lizenzen zu überprüfen. Je mehr Leistungsmerkmale lizenziert werden sollen, je mehr Varianten existieren, desto komplexer wird die Abfragelogik. Sind diese Varianten auch noch einer starken Dynamik unterworfen und ändern sich von Jahr zu Jahr, dann können die Aufwände für die Entwicklung relativ hoch sein. Da man der Lizenzierung aber in der Regel zu einem schnellen Start verhelfen will und auch langfristig die zusätzlichen Aufwände in der Entwicklung minimieren möchte, ist hier ein Kompromiss zwischen Marketing und Entwicklung auszuhandeln: Grosse Variantenvielfalt bedeutet exzellentes Angebot für den Kunden, aber hohen Aufwand für die Entwicklung. Da auch die Programmwartung über Jahre hinaus von komplexer gewordenen Programmen betroffen sein wird, gilt es, gut über die noch akzeptablen Aufwände nachzudenken.

*Überprüfen des Lizenzkonzeptes durch die Entwicklung*

Die Entwicklung von vornherein zur Aufstellung des Lizenzkonzeptes hinzuzuziehen, hat auch noch einen ganz praktischen Grund. Deren Mitarbeiter werden das ausgewählte Tool daraufhin überprüfen, ob man die gewünschten Lizenzierungsvarianten überhaupt realisieren kann. Alle großen Hersteller von Lizenzierungstools bieten zwar ähnliche Leistungsmerkmale an, im Detail unterscheiden sie sich aber durchaus.

## 5.1.5 Support und Service

*Eigenes Servicepersonal*

Abstimmungen mit diesen Abteilungen sind dann wichtig, wenn Sie Ihre Software vor Ort durch eigenes Service-Personal installieren lassen, oder wenn im Falle von schwierigeren Problemen ein persönlicher Besuch beim Kunden nicht auszuschließen ist.

*Schulung des Service zur Fehlerbehebung*

Kundeninstallationen müssen vom Service verstanden werden, damit Probleme möglichst leicht erkannt oder behoben werden können. Jeder Besuch eines Support-Mitarbeiters kostet Geld. Je komplexer eine Lizenzierungs-Lösung gebaut ist, desto schwieriger wird eine Fehlererkennung und -behebung. Sollte wegen ausgefallener Lizenzierung (zum Beispiel Lizenzfile oder Lizenzserver defekt) ein längerer Softwareausfall für den Kunden entstehen oder dadurch ein zweiter Besuch des Servicetechnikers erforderlich werden, senkt dies die Akzeptanz des Kunden, und die Fehlerbehebung wird teuer. Im einfachsten Fall sollte mindestens geregelt sein, wie auf problemlose Weise ein gültiger Lizenzfile beim Kunden installiert wird. Dies ist weitestgehend unabhängig vom Lizenzmodell.

*Anzahl Lizenzfiles*

Lizenzfiles können je nach Hersteller des Lizenzierungstools sehr unterschiedlich aussehen und beinhalten unterschiedliche Möglichkeiten. Hier sei nur die Möglichkeit aufgeführt, dass ein Lizenzfile entweder nur einen Lizenzschlüssel für ein Software-Feature oder ein Programm enthält oder aber eine Vielzahl von Lizenzschlüsseln für alle gekauften Leistungsmerkmale eines Produktes oder für alle gekauften Produkte. Der Unterschied wird dann interessant, wenn man sich mögliche spätere Veränderungen dieser Lizenzfiles überlegt, sobald nämlich der Kunde die Anzahl der Produkte oder gekauften Leistungsmerkmale variiert oder Updates mit neuen Lizenzschlüsseln installiert. Zu welchen Problemen führt die eine oder andere Lösung? Ist es leichter, eine Vielzahl von Lizenzfiles zu managen oder das Inline-Editieren eines einzigen Files?

*Überbrückung von Ausfallzeiten*

Ein weiteres mögliches Problem: Wie verhält sich die lizenzierte Software, wenn ein Lizenzierungsfehler auftritt, aus welchen Gründen auch immer? Kann der Kunde einige Tage ohne Lizenz überbrücken (siehe hierzu Kap. 12: „Problemsituationen beim Kunden“)?

*Konzept und Problemlösungen mit Service klären*

Gerade beim Service können eine Vielzahl von neuen Situationen und Problemen durch die Lizenzierung entstehen. Klärende Gespräche im Vorfeld der konkreten Definition eines Lizenzkonzeptes sind hier zwingend erforderlich!

## 5.2 Hardwaregebundene Lizenzierung

*Hardwarebindung als Sicherheitsfaktor*

Bei der Einführung einer elektronischen Lizenzierungsmethode werden Sie bei hohen Sicherheitsanforderungen nicht daran vorbeigehen können, die Lizenzschlüssel an Hardware-Kennungen zu binden, im Englischen als „node-locked" bezeichnet. Trotz der Vorteile durch verbesserten Kopierschutz hat diese Methode auch ihre Tücken. Vor- und Nachteile wollen wir in diesem Kapitel beleuchten. Sie werden selbst entscheiden müssen, ob Sie erhöhten Organisationsaufwand durch Hardware-Bindung lieber auf zentraler Seite in Kauf nehmen wollen oder stattdessen bei Kundeninstallation und Service. Oder vielleicht kommen Sie auch zu dem Entschluss, auf eine Hardware-Bindung ganz zu verzichten.

*Dongles und andere Hardware-Kennungen*

Eine Hardware-Bindung kann entweder mit Hilfe von Dongles realisiert werden, oder es werden die Hardwarekennungen von Ethernetkarte oder Festplatte verwendet. Die Verwendung eines Dongles ist nicht unbedingt als polare Alternative zur elektronischen Lizenzierung zu verstehen. Die Lizenzserver der gängigen Lizenzierungstools können wahlweise die Kennungen von Dongles oder PC-interner Hardware verwenden.

**Tip:**

*Reihenfolge der Entscheidungen*

- *Sie können sich zuerst für ein Lizenzierungstool entscheiden,*
- *in einer zweiten Stufe für oder gegen Hardware-Bindung,*
- *in einer dritten Stufe für Dongles oder für die Verwendung von anderen Hardware-Kennungen*

### 5.2.1 Lizenzierung mit Dongles

*Verschiedene Dongle-Varianten*

Seit längerer Zeit werden Dongles eingesetzt, um mit ihrer Hilfe illegales Betreiben einer Software zu unterbinden. Dongles sind kleine Stecker, die auf die serielle oder Parallel-Schnittstelle, heute auch USB-Schnittstelle aufgesetzt werden. Im einfachsten Fall hat solch ein Dongle eine interne Hardware-Kennung, die ausgelesen werden kann, im komfortabelsten Fall ist er programmierbar und auch für mehrere Anwendungen gleichzeitig verwendbar. Ein Dongle für eine serielle oder Parallelschnittstelle hat zwei Steckseiten: eine Seite wird auf die Schnittstelle aufgesteckt, die andere Seite dient als Steckerbuchse für Peripheriegeräte wie Drucker oder

Modem. Aus Sicht dieser Geräte sind Dongles gewöhnlich „transparent" und erzeugen dadurch im allgemeinen keine Probleme. Dongles sind kaskadierbar, d.h. mehrere Dongles können hintereinander auf dieselbe Schnittstelle gesteckt werden. Dongles mit Memory können Informationen über den Dongle selbst, aber auch über den Softwarehersteller, die Applikation und die Programmversion speichern.

*Versteckte Kosten*

Der Einsatz von Dongles kann trotz ihrer Transparenz (siehe weiter oben) und hohen Sicherheit manchmal problematisch sein. Stehen Sie vor einer Neueinführung der Lizenzierung, sollten Sie bedenken, dass Dongles verwaltet, kunden- oder produktspezifisch generiert und auf Lager gehalten werden müssen. Aus diesen Gründen täuscht der günstige Stückpreis eines Dongles über die tatsächlich entstehenden Kosten hinweg.

*Lange Lieferzeiten*

Bei Kunden sind sie manchmal deshalb nicht beliebt, weil bei Ausfall des Dongles die Ersatzlieferung bei ausländischen Softwarelieferanten längere Zeit dauern kann. Da Dongles des öfteren auf- und umgesteckt werden, können ihre Steckerleisten leiden. Auch feine Haarrisse werden berichtet, die den Dongle unter Umständen unbrauchbar machen. Einige Probleme machen Dongles bei Laptops, da sie über den Rechner hinausragen und vielfach durch Unvorsichtigkeit einfach abbrechen. Durch die weniger empfindlichen und kleineren USB-Dongles haben diese mechanischen Schwierigkeiten aber an Bedeutung verloren.

*Dongles für höchste Sicherheit*

Die Bindung der Lizenz an Dongles hat gegenüber anderen Hardware-Bindungen einen großen Vorteil. Ihr Unternehmen ist gegen vorgetäuschte Hardwareausfälle und nachfolgende neue Lizenzforderungen abgesichert. Wenn ein Rechner tatsächlich ausfällt, wird der Dongle einfach auf den nächsten Rechner gesteckt. Eine neue Lizenz muss nicht erzeugt werden. Dieses Verfahren ist erheblich einfacher als das Auslesen neuer Hardwaredaten und die Anforderung eines neuen Lizenzfiles. Dies gilt allerdings ebenso für Ethernetkarten. Auch diese können in den nächsten Rechner übernommen werden, ohne dass eine neue Lizenz erzeugt werden muss.

*Dongle-Konzept läuft ESD zuwider*

Als letzter Gesichtspunkt für Dongles sei die Softwareauslieferung per Download über das Internet erwähnt. Viele Softwarehersteller gehen dazu über, ihre Software nicht mehr auf einer CD auszuliefern. Die elegante Lösung eines Software-Downloads lässt sich aber schlecht mit der physikalischen Versendung von Dongles kombinieren. Dies wird nicht nur dem Kunden schwer verständlich zu machen sein, auch intern schaffen Sie sich hierdurch wahrscheinlich Probleme.

*Umgehung des Dongleschutzes*

Übrigens ist in den USA der Kopierschutz durch Dongles fragwürdig geworden. Dort ist es jetzt durch den *Digital Millennium Copyright Act* anscheinend legal geworden, den Kopierschutz, der durch eine externe Hardware (also auch Dongles) erreicht wird, außer Kraft zu setzen. Es gibt sogar Firmen, die Ihnen Softwarelösungen zur Umgehung des Dongle-Schutzes offiziell anbieten. Zum Beispiel wirbt die Firma Endless Visions mit dem Slogan „Removing dongles is our game!"

## 5.2.2 Lizenzierung mit Ethernetkarte oder Festplatte

*MAC-Adresse und Harddisk*

Im Gegensatz zu Dongles sind die Kennungen PC-interner Hardware einfacher im Handling. Als Softwarelieferant sind Sie nicht genötigt, separate Hardware auszuliefern, sondern lediglich ein Programm, das die Kennungen vorhandener Hardware, Ethernetkarte (MAC Adresse) oder Festplatte ausliest. Diese Kennung wird Ihnen vom Kunden per Email übermittelt. Sie verwenden diese anschließend, um einen kunden- und hardwarespezifischen Schlüssel herzustellen und senden den Schlüssel, meist schon in einen Lizenzfile eingebettet, per Email zurück. Die komfortablere Version stellt ein Webinterface dar, über das sich der Kunde anmeldet. Dort gibt er seine Hardware-Kennung an sowie eine ID für die bestellte Software, im Gegenzug bekommt er seinen gültigen Lizenzfile.

*Hardware-Ausfall und schnelle Ersatzlizenz*

Auch Ethernetkarten oder Platten können natürlich ausfallen. Ganz ohne Probleme geht es auch hier nicht ab. Nach Austausch der Hardware muss der Kunde erneut seine Hardware-Information mitteilen und bekommt anschließend einen neuen Lizenzfile zugesandt. Dies geht natürlich schneller als die Zusendung eines neuen Dongles per Post oder Kurier.

*Vorgetäuschter Hardwareausfall*

Hier soll nicht unerwähnt bleiben, dass Sie bei einem solchen Hardwareausfall nicht davor sicher sind, dass dieser nur vorgetäuscht ist und in Wahrheit Ihre Software illegalerweise auf einen zweiten PC kopiert wird. Dies versuchen einige Hersteller von Lizenzierungstools dadurch zu unterbinden, dass die alte Lizenz mit einem speziellen Tool unbrauchbar gemacht werden muss und anschließend ein dadurch generierter Code an den Hersteller geschickt wird. Erst dann kann ein neuer Lizenzfile generiert werden. Dieses Verfahren macht das Lizenzierungshandling für den Kunden komplizierter, könnte sich aber für Sie lohnen.

## 5.2.3
## Lizenzserver und Lizenzfiles

*Elegante Handhabung durch Lizenzfiles*

Alle gängigen Lizenzierungstools arbeiten mit Lizenzservern und Lizenzfiles. In diesen Lizenzfiles ist bei einer Hardwarebindung die verschlüsselte Information der Hardware-Adressen oder Kennungen enthalten. Das Handling von Lizenzfiles, im Gegensatz zum Versenden und Austauschen von Dongles, ist das eleganteste Verfahren, speziell dann, wenn das Versenden über ein Webinterface geschieht, das Sie dem Kunden zur Verfügung stellen.

*Funktion eines Lizenzservers*

Ein Lizenzserver ist in der Regel nur einmal im Netzwerk des Kunden zu installieren. Er verwaltet die zur Verfügung stehenden Lizenzen und liest zu diesem Zweck alle installierten Lizenzfiles aller Produkte. Der Lizenzserver ist ein Server-Prozess und bezeichnet nicht unbedingt einen speziellen Rechner, der nur die Lizenzadministration als Aufgabe hätte. Damit die zu lizenzierenden Programme mit dem Lizenzserver kommunizieren können, stellen die Hersteller der Lizenzierungstools ein oder mehrere APIs zur Verfügung.

## 5.2.4
## Probleme durch Hardware-Bindung?

*Ausnahmen und Fehlerfälle im Konzept berücksichtigen*

Sind die Lizenzen an die Hardware-Komponenten des Kunden gebunden, können Probleme dann auftreten, wenn die Hardware gewechselt wird. Aber auch bei Beibehaltung der Hardware kann es passieren, dass Lizenzfiles verschwinden, an falsche Orte kopiert werden oder schon bei der Übermittlung korrumpiert werden. Dies sei nur erwähnt, um deutlich zu machen, dass bei der Gegenüberstellung einer weichen Lizenzierung mittels Lizenzfiles und ohne Hardwarebindung und einer harten Lizenzierung über Dongles in beiden Fällen Probleme zu erwarten sind. Die wichtigsten Ausnahme- und Fehlersituationen sollten unbedingt im Konzept von vornherein berücksichtigt werden und auch Ihrem Service bei der irgendwann fälligen Schulung vermittelt werden.

## 5.3 Praktikable Lizenzlösungen für den Kunden

*Variantenvielfalt durch Produktmarketing und Entwicklung begutachten*

Die Lizenzierung mittels Lizenzserver und Lizenzfiles (ELM und ELD) bietet Ihnen außerordentlich viele Möglichkeiten und Varianten. Dies ist mit ein Grund dafür, dass das Lizenzmodell zwischen Marketing, Vertrieb, Entwicklung und Support abgestimmt sein sollte. Zum einen ist zu beachten, wie die Produkte, die Sie lizenzieren, strukturiert sind, also ob es sich zum Beispiel um Einzelplatz- oder Client-Server-Lösungen handelt. Zum anderen sollten Sie in Zusammenarbeit mit der Entwicklung sehr genau hinsehen, wenn es darum geht, einzelne Leistungsmerkmale (Features) Ihrer Software zu lizenzieren. Sehr oft sind die Voraussetzungen dazu im Coding noch gar nicht getroffen. Dies kann dazu führen, dass ein ausgefeiltes Lizenzmodell, das allein vom Produktmarketing geplant wird, bei der Umsetzung ungeheure Entwicklungskosten verursacht – und damit auch die geplanten Fertigstellungstermine in die Zukunft rücken.

*Anfangs auf komplizierte Modelle verzichten*

Aus diesen Gründen ist nicht nur ein flexibles Vermarktungsmodell für den Kunden der ausschlaggebende Faktor, wenn es um die Modellierung des Lizenzmodells geht, sondern auch Ihre eigenen Kapazitäten, Budgets und Terminpläne. Es ist in jedem Fall zu überlegen, ob es nicht am geschicktesten ist, die Software in einem ersten Ansatz in ihrem Istzustand zu lizenzieren, d.h. weitestgehender Verzicht auf Einbau zusätzlicher Codingteile, die eine detaillierte Lizenzierung von Einzelmerkmalen ermöglichen würden. Sie werden bei der Einführung der Lizenzierung an genügend „Fronten“ zu kämpfen haben. Da sollte man sich den Anfang nicht zu schwermachen.

### 5.3.1 Lizenzierungsarten

*Große Bandbreite der Lizenzierungsarten*

Bei der Auswahl der Lizenzierungsarten bieten die großen Lizenzierungs-Toolhersteller eine gute Bandbreite, die eigentlich alle Bedürfnisse abdeckt. Sie können die Lizenzen an einen Kunden oder eine Hardware binden, Sie können sie zeitlich begrenzen, als „floating“ Lizenzen vermarkten oder mit einem Pay-per-use-Modell nur die tatsächlich genutzte Zeit in Rechnung stellen. Die folgende Aufstellung der zur Zeit marktgängigen Leistungsmerkmale von Lizenzierungstools wurde im wesentlichen den Internet-seiten eines der Marktführer für Lizenzierungstools[1] entnommen (siehe Abschnitt: „Internet-Adressen und Literatur“):

**Demo** (Evaluierungs-Lizenz)
Manchmal auch als TBYB (Try-Before-You-Buy) bezeichnet. Eine zeitlich begrenzte Lizenz zur Produkt-Evaluierung. Die Funktionalität der Demo kann gegenüber dem normalen Produkt eingeschränkt sein. Entweder wird die Gültigkeitsdauer der Lizenz bei Lizenzerstellung gesetzt, oder die Demo-Lizenz erlischt n Tage nach der Installation oder nachdem die Anwendung m mal aufgerufen wurde.

**Globale Gültigkeit („run anywhere“)**
Die lizenzierte Software läuft auf jedem System.

**Enable/Disable Produkt-Features**
Ein Produkt kann durch eine Vielzahl lizenzierbarer Leistungsmerkmale (Features) definiert werden. Auf diese Weise kann man auch gemeinsame Leistungsmerkmale für mehrere verschiedene Produkte gleichzeitig lizenzieren. Dies erlaubt die Lizenzierung von zusammengehörigen Produkten, zum Beispiel als eine „Light“-Version mit eingeschränkter Funktionalität, eine Standard-Version und eine „Professional“-Version mit noch größerer Leistungsfähigkeit.

**Floating (concurrent) in einem Netzwerk**
Dies ist der klassische Fall netzwerkfähiger gleichzeitig (concurrent) genutzter Lizenzen. Nicht mehr als n Lizenzen dürfen zur gleichen Zeit im Netzwerk genutzt werden.

**Nutzerbezogen (persönliche Lizenzen)**
Die Lizenz ist an den Login-Namen in einem Netzwerk gekoppelt. Die Software kann auf jedem Rechner des Netzwerks genutzt werden, wenn der Login-Name in der erlaubten Nutzerliste enthalten ist (Gewöhnlich darf nicht mehr als ein Rechner mit dem gleichen Namen die Lizenz nutzen). Der Software-Lieferant definiert die Anzahl der lizenzierten Benutzer, der Systemadministrator (oder Lieferant) spezifiziert die Benutzernamen.

---

[1] Macrovision

**Hardwaregebunden (node locked)**
Die Software wird für einen unbegrenzten Zeitraum auf einem bestimmten Rechner lizenziert. Die Hardwarebindung erfolgt über MAC-Adresse, Dongle-Id oder Seriennummer der Festplatte.

**Hardwaregebunden, anzahl-begrenzt (counted)**
Die Software wird für den gleichzeitigen n-maligen Gebrauch auf einem einzelnen Computersystem lizenziert.

**Pakete (packages)**
Pakete definieren eine Menge von unabhängigen Produkten, die als ein einziges Produkt lizenziert werden sollen. Lieferanten definieren Pakete im Lizenzzertifikat (Lizenzfile), nicht in der Software. Dies erlaubt dem Hersteller/Lieferanten, sogar noch kurz vor der Auslieferung, die Komponenten des Paketes anders zusammenzustellen.

**Package Suites**
Dies sind Pakete mit der Restriktion, dass die Paketkomponenten einer einzelnen Lizenz nicht gleichzeitig genutzt werden können. Package Suites sind eine besondere Stärke im Wettbewerb für Unternehmen mit breiten Produktlinien, da sie eine günstige Preisgestaltung anbieten können, die von Herstellern von Einzelprodukten nicht erreicht werden kann.

**Zeitbegrenzt (Leasing)**
Softwareanbieter können Lizenzen mit einem bestimmten Ablaufdatum ausstellen. Dies kann für Evaluierungen oder Software-Leasing-Verfahren verwendet werden.

**Upgrade Versionsdatum**
Das Recht für Upgrades kann durch ein Versionsdatum definiert werden. Dem Lizenznehmer wird das Recht gewährt, Versionen zu nutzen, die an oder vor diesem Versionsdatum erstellt wurden. Dadurch wird vermieden, dass dem Kunden eine neue Lizenz ausgestellt werden muss, wenn er zuvor spezifische Upgrade-Rechte bis zu diesem spezifischen Datum erworben hat.

**Upgrade Versionsnummer**
Das Recht für Upgrades kann durch eine Versionsnummer definiert werden. Dem Lizenznehmer wird das Recht gewährt, Versionen zu nutzen, die gleich oder kleiner sind als die im Lizenzfile definierte

Version. Dadurch wird vermieden, dass dem Kunden eine neue Lizenz ausgestellt werden muss, wenn er zuvor spezifische Upgrade-Rechte bis zu dieser spezifischen Version erworben hat.

**Kapazitäts-Lizenzierung**
Computer mit hoher Performance benötigen mehr gleichzeitige Lizenzen zur Nutzung als solche mit niedriger Performance. Kapazitäts-Lizenzierung wird für Anwendungen mit intensivem Rechenaufwand verwendet, um die potentiell größere Softwarenutzung auf einem Rechner mit hoher Performance zu kompensieren.

**Domänen-Lizenz (Company-Lizenz)**
Die Lizenz läuft auf jedem Computer einer spezifischen Internet-Domäne (z.B.: company.com). Domänen-Lizenzen werden für unternehmensweite Lizenzierung verwendet.

**Gruppierung nach Nutzer, Rechner oder Bildschirm**
Die Gruppierung definiert Regeln, wonach mehr als eine einfache Nutzung einer Applikation als nur eine einzige „Nutzung" zählt. Zum Beispiel könnte ein Nutzer dieselbe Anwendung auf mehreren Computern gleichzeitig starten. Dieser Fall kann als eine einzige Nutzung (oder Mehrfachnutzung) einer Lizenz zählen.

**Floating (gleichzeitig) für Rechnerliste**
Die gleichzeitige Nutzung von Lizenzen in einem Netzwerk, wobei die zugelassenen Rechner in einer speziellen Rechnerliste definiert sind.

**Post-use-payment**
Die Maximalanzahl gleichzeitiger Benutzer im zurückliegenden Zeitabschnitt (typischerweise ein Monat) wird aufgezeichnet und dient als Basis für die zu zahlenden Gebühren. Dies ist eine mögliche Form des „post-use-payment".

**Lizenz-Verbleib (linger)**
Wenn ein Nutzer das lizenzierte Produkt beendet, behält er die Lizenz für eine festgesetzte zusätzliche Zeitdauer. Dieser Lizenzverbleib verbessert die Preisgestaltung für Applikationen, die nur für sehr kurze Perioden (wenige Sekunden oder Minuten) genutzt werden. Viele Benutzer können sich eine einzelne Lizenz für solche Anwendungen teilen, und so benötigen kleine und große Kunden nur eine oder zwei Lizenzen. Lizenzverbleib vergrößert die Anzahl

der benötigten Lizenzen bei großen Kunden, während kleinere Kunden nur eine oder zwei benötigen – wodurch die Preisgestaltung sehr variabel wird.

**Überziehen („overdraft“)**
Erlaubt dem Kunden, n mehr Lizenzen zu nutzen als er eigentlich erworben hat. Dieses Modell wird normalerweise verwendet, um dem Kunden momentane Spitzennutzungen nicht als Extralizenz in Rechnung stellen zu müssen, oder in Verbindung mit einem pay-per-use Lizenzmodell. Der Kunde hat auch die Möglichkeit, den Überziehungsumfang weiter einzugrenzen, um so die Anwendung des „pay-per-use“-Modells zu kontrollieren.

**Pay-per-use**
Die Lizenzgebühren richten sich nach der tatsächlichen Nutzung. Die Feststellung der Nutzungshäufigkeit kann durch Computermetrik erfolgen (CPU-Nutzung, Uhrzeiten, usw.) oder durch Metriken, die an der Art des Anwendungsprogramms ausgerichtet sind.

**Netzwerk-Segmente („site license“)**
Netzwerk-Segmente können durch eine Liste von IP-Adressen (wild cards) definiert werden. Auf diese Weise können Lizenzen auf Regionen, Abteilungen oder Unternehmensbereiche begrenzt werden.

**Ersetzen früherer Lizenzen („supersede“)**
Die Lizenzen haben ein explizit oder implizit gesetztes Startdatum. Diese Lizenzierungsart verlangt bzw. bedingt, dass alle früheren Lizenzen ihre Gültigkeit verlieren. Dies stellt eine effektive Methode dar, früher ausgestellte Lizenzen zurückzuziehen.

**Hersteller-definierter Gebrauch und Einschränkungen**
Der Software-Hersteller definiert seine eigene Metrik, um Anwendungshäufigkeit oder -umfang zu messen. Dies könnte für applikationsspezifische Leistungsmerkmale sinnvoll sein.

## 5.3.2 Demo-Lizenz und TBYB

*Demo- oder kundenspezifische Lizenz*

Unabhängig davon welches der oben genannten Lizenzierungs-Modelle für Ihre Marketingstrategie am geeignetsten ist, kommen einige wenige Standardverfahren und Lizenzmodelle für die

Erstinstallation beim Kunden in Frage. Grundsätzlich ist zu unterscheiden, ob Sie generell nur Auslieferungen vornehmen, die maßgeschneidert für den Kunden sind, oder ob Sie Demo-Versionen ausliefern, die zu einem späteren Zeitpunkt durch das volle Produkt ersetzt bzw. eine vollgültige Lizenz ergänzt werden müssen.

*Einsatz von Demo-Lizenz und TBYB*

Demo-Versionen/-Lizenzen werden auch TBYB-Lizenzen (Try before you buy) genannt. Sie können sie für folgende Einsatzgebiete verwenden:

1. Installationen bei interessierten Kunden mit späterer Kaufoption
2. Demo-Software für Präsentationen
3. Problemlose Installation und sofortige Lauffähigkeit des Produktes, auch wenn die echte Lizenz erst später erworben wird.

*Zeitliche oder funktionale Einschränkung*

Die ersten beiden Varianten können beinhalten, dass nicht nur die Lizenz zeitlich auf wenige Tage oder Wochen begrenzt wird, sondern dass auch die Anwendung selbst als Demo-Version nicht in allen Leistungsmerkmalen nutzbar ist, im Gegensatz zur Vollversion.

*Demo als Überbrückung*

Die dritte Variante kann bei einer Installation durch den Kunden selbst wichtig sein oder auch dann, wenn Ihre eigenen Servicetechniker die Software beim Kunden installieren. Oft soll eine Voll-Lizenz an die Hardware des Kunden gebunden sein. Dafür müssen die Hardware-Informationen zuerst an Sie als Softwarelieferanten übermittelt werden, um daraus an zentraler Stelle einen Lizenzschlüssel/-file generieren zu können. Dies ist in der Regel zum Zeitpunkt der Installation noch nicht erfolgt, sondern findet anschließend statt.

*Vereinfachung durch Webinterface*

Haben Sie bereits die Prozesse soweit neu organisiert, dass ein Webinterface existiert, in das sich der Kunde einloggen kann, um sowohl die Hardware-Information mitzuteilen als auch den Lizenzfile abzurufen, dann benötigen Sie nicht unbedingt die Demo-Lizenz. Die Demo-Lizenz sollte in diesem Falle ja nur dazu dienen, den Zeitraum bis zum Installieren des gültigen Lizenzfiles zu überbrücken.

*Vermeiden von Frustrationen*

Sollte aber das Webinterface noch nicht einwandfrei funktionieren und Sie sind auf Email-Verkehr oder telefonische Übermittlung angewiesen, dann sind Frustrationen und Wartezeiten vorprogrammiert. Auch besteht die Möglichkeit, dass am Installationsort kein Internet-Zugang existiert. In diesem Falle wird Ihnen der Kunde dankbar sein, wenn er seine Software sofort nach der Installation starten und auch verwenden kann. Im Laufe der nächsten Tage oder Wochen hat er dann Gelegenheit, den echten Lizenzfile zu installieren, der ihn zur vollen und unlimitierten Nutzung seiner Software berechtigt. Die Demo- oder TBYB-Lizenz wird also in diesem Fall dazu verwendet, unnötige Wartezeiten und Frustrationen auf Kunden- oder Technikerseite zu vermeiden.

*Off-the-shelf Versand*

Die Erstinstallation einer Demo-Lizenz hat einen weiteren logistischen Vorteil: Demo-Lizenzen können, je nach Lizenztool-Hersteller, für alle Kunden gleich sein. Weder müssen Sie die ausgelieferten CDs speziell für einzelne Kunden anfertigen, noch müssen Sie zusätzliche Disketten oder Codes versenden. Der Versand erfolgt off-the-shelf! Dieser Vorteil verliert erst dann an Bedeutung, wenn Sie eine Umstellung von der CD-Auslieferung zu ESD (Electronic Software Distribution) vornehmen. Das Webinterface, das dem Kunden den Download der Software und des Lizenzfiles ermöglicht, stellt dann auch im Vorfeld Dialoge bereit, den Kaufvorgang zu initiieren.

*Mögliche Demo-Varianten erfragen*

Was die einzelnen Hersteller unter einer Demo-Lizenz oder TBYB-Lizenz verstehen, ist sehr unterschiedlich. Oft gibt es mehrere Varianten von einem einzigen Hersteller. Es lohnt sich also, gezielt nachzufragen.

### 5.3.3 Harte und weiche Lizenzierung

*Hardware-Bindung als strengster Schutz*

Ein wichtiges Ziel der Software-Lizenzierung ist die Verhinderung von illegalen Kopien. Wenn Sie auf jeden Fall verhindern wollen, dass die vom Kunden erworbene Software auf mehr als einem Rechner installiert wird – dies gilt für Einzelplatzlösungen – dann haben Sie nur eine Wahl: Entweder Sie koppeln die Lizenzierung an die Hardware des Rechners oder an die eines aufgesteckten Dongles. Der Dongle – im Gegensatz zu anderen Hardwarebindungen – verhindert zwar nicht die mehrfache Installation, unterbindet aber die gleichzeitige Nutzung auf mehreren Rechnern. Sinngemäß gilt diese Verfahrensweise auch für Client-Server-Lösungen. Zumindest die Server-Installation müssen Sie lizenzmäßig an die Hardware des Servers koppeln. Dies stellt die strengste Art der Lizenzierung dar.

*Höherer Aufwand durch mehrere Installationsschritte*

Und der Preis für diesen hohen Kopierschutz? Es gibt mehrere Argumente gegen eine solche strenge und harte Lizenzierung. Zum einen wird die Installation der Software komplizierter. Die Installation läuft in mehreren Schritten ab, denn der Hardware-Code muss an Sie (den Lieferanten) übermittelt werden. Der Kunde bekommt im Gegenzug einen gültigen Lizenzfile zugesandt, den er anschließend installieren muss. Dies bringt Ihnen unter Umständen den Unmut des Kunden ein. Zum anderen entsteht Ihnen an zentraler Stelle erheblicher Verwaltungsaufwand. Auch wenn die Kommunikation über ein Webinterface abgewickelt wird, so können doch immer wieder Probleme auftauchen, die sich zum Beispiel auf Bestellpositionen beziehen, die in der Lizenzdatenbank nicht richtig eingetragen sind; oder ein Lizenzierungsvorgang wird nicht ordnungsgemäß abgeschlossen und die Software ist hierfür nicht ausgelegt, usw. All dieses erfordert Ihr manuelles Eingreifen auf Seiten des Lizenzgenerators.

*Probleme bei Hardwareausfall*

Ein weiteres Übel kann den Kunden und Sie ereilen: Die Hardware, an die die Lizenz gebunden wurde, fällt aus! Nicht nur die Hardware muss ausgetauscht werden, sondern auch der Lizenzfile. Auf den alten File und seine in ihm enthaltenen Angaben hat der Kunde vielleicht keinen Zugriff mehr. Beim Anmelden beim Lizenz-Webservice weiß er nicht, was er angeben soll, und so greift der Kunde zum Telefon. Es ist aber gerade Samstagnachmittag und die Lizenzserver-Betreuung ist im verdienten Wochenende. Schließlich gibt es ja das automatische Webinterface... Eine solche Situation ist zwar lösbar, aber unter Aufwand.

*Aushebeln der Lizenzierung durch Notfall-Lizenz*

Und jetzt kommt eventuell das Lizenz-Horrorszenario, sozusagen der Lizenzierungs-GAU[1]: Der Kunde kann nicht warten, bis der korrekte Lizenzfile für seinen Rechner ausgestellt ist, sondern verlangt sofortige Maßnahmen, so dass er weiterarbeiten kann. Es handelt sich um einen Kunden mit sehr zeitkritischen Geschäftsprozessen. In Ihrer Not liefern Sie – oder Ihre Techniker – einen Lizenzfile, der immer und bei jedem zeitlich unbegrenzt funktioniert. Sollten Sie sich dazu hinreißen lassen, dann haben Sie Ihre gesamten Lizenzierungsbemühungen ausgehebelt. Denn diese Datei stellt einen Universalschlüssel dar, der sich auf „magische" Weise vervielfältigen könnte...

*Weichere Lizenzierungsvariante*

Gibt es Alternativen? Ja, Sie können sich für eine weichere Form der Lizenzierung entscheiden, müssen dann aber in Kauf nehmen, dass der Kopierschutz nicht mehr so streng gegeben ist. Sie können zum Beispiel nur auf den Kunden- bzw. Firmennamen lizenzieren. Dieser Name wird beim Hochfahren der Applikation oder generell während der Programmlaufzeit angezeigt.

*Subnetz-Lizenz*

Sie haben auch die Möglichkeit, für ein Subnetz im firmeneigenen Intranet zu lizenzieren, oder Sie lizenzieren für einen bestimmten IP-Adressenbereich. Firmeninterne IP-Adressen haben aller-

---

[1] GAU = Größter anzunehmender Unfall, Begriff aus der Kernreaktortechnik

dings die unangenehme Eigenschaft, dass sie nicht eindeutig sind. Andere Firmen könnten also dieselben Adressen verwenden.

*Abwägen: Kopierschutz versus Aufwand*

Bevor Sie sich also für eine Lizenzierungsform entscheiden, sollten Sie überlegen, ob der erreichte Kopierschutz im richtigen Verhältnis zu den dafür erforderlichen Maßnahmen und Aufwendungen steht.

# 6 Unternehmensprozesse – Bestell- und Auslieferungsverfahren

## 6.1 Ermittlung der beteiligten Abteilungen

*Alle Unternehmensbereiche sind betroffen*

Ein Lizenzierungsprojekt ist kein Software-Entwicklungsprojekt. Sie werden bei der Einführung der Lizenzierung bereits im Vorfeld Ihrer Analyse feststellen, dass fast alle Bereiche Ihres Unternehmens tangiert sein werden.

*Informationen sammeln*

Aus diesem Grunde ist es wichtig, dass Sie sich ein klares Bild davon machen, wer genau von der Lizenzierung betroffen sein wird, wer sich vielleicht schon einmal mit dem Thema beschäftigt hat und wer früher oder später seine Meinung dazu kundtun wird. Diese Meinungen werden nicht immer positiv zugunsten der Lizenzierung ausfallen, oft nur deshalb, weil mangelnde Kenntnis darüber besteht, welche Lizenzierungsverfahren es gibt, welche Sie einführen wollen und wie Elektronische Lizenzierung überhaupt funktioniert. Vielfach ist auch gar nicht der Umfang der Umsatzverluste durch illegales Kopieren der ausgelieferten Software bekannt.

*Betroffene Abteilungen*

Die folgende Aufstellung gibt Ihnen ein ungefähres Bild davon, mit welchen Unternehmensbereichen Sie Gespräche führen müssen und welche Problemstellungen es zu klären gilt:

| | |
|---|---|
| Marketing: | Lizenzierungsmodell, Preisstaffelung, Vermarktungsstrategien |
| Entwicklung: | Veränderung der Programmsourcen, veränderte Installationen |
| Vertrieb: | Preise, Kundenrabatte, Demo-Versionen |

| | |
|---|---|
| Support: | Zusätzliche Problembehandlungen durch Lizenzierung |
| Niederlassungen: | Andere Installationsvorgänge, Schulung |
| Schulung: | Schulung von Support, Service, Entwicklern |
| Buchhaltung: | Andere Preismodelle, Integration mit Lizenzgenerator |
| Logistik und Lager: | Auslieferung von Lizenzfiles oder kundenspezifischen CDs |
| Montage: | Veränderte Installationen bei vorkonfigurierten PCs |
| Dokumentation: | Benutzerhandbücher für Lizenzserver und Lizenzfiles |
| Webteam: | Webinterface für den Lizenzgenerator |
| Hotline: | Bearbeitung von Lizenzfragen, Generieren von Lizenzen |
| Lizenzteam: | Bearbeitung von Lizenzfragen, Generieren von Lizenzen |
| Rechenzentrum: | Lizenzdatenbanken und Webserver in der DMZ[1] |
| Controlling: | Kosten Lizenztool, Kosten-Nutzen-Vergleich für Lizenzierung |

*Frühestmöglich Kontakt aufnehmen*

Es wird Ihrem Lizenzierungsprojekt ausgesprochen dienlich sein, wenn Sie so früh wie möglich mit allen angesprochenen Abteilungen Kontakt aufnehmen, sich die Ansichten der dortigen Kollegen anhören und diesen wiederum Ihr eigenes Vorhaben kurz, prägnant und in positiven Worten darstellen. Sie brauchen diesen Kontakt auch aus anderen Gründen: Bevor Sie ein Lizenzmodell ausarbeiten und die veränderten Verfahrensabläufe in Ihrer Firma definieren, sollten Sie unbedingt die derzeitigen Unternehmensprozesse analysieren, zumindest soweit sie die Lizenzierung tangieren. Diese Analyse diskutieren wir im nächsten Abschnitt.

[1] DMZ = Demilitarisierte Zone. Eine besonders abgeschirmte Rechnerzone jenseits der Firewall.

## 6.2 Analyse der Unternehmensprozesse

*Analyse des Bestell- und Auslieferungsverfahrens*

Bevor Sie die Veränderungen durch Lizenzierung in den Prozessabläufen (Bestellung, Auslieferung, Software-Updates, usw.) beurteilen oder definieren können, kommen Sie an einer gründlichen Analyse der momentanen Unternehmensabläufe, insbesondere des Bestellwesens und der Auslieferungsprozesse, nicht vorbei. Die Analyse wird Ihnen helfen, die durch Lizenzierung notwendigen Veränderungen in ihrer Tragweite beurteilen zu können und möglichst auf ein Minimum zu beschränken.

*Auftragserfassung*

Sie müssen verstehen, wie ein Vertriebsbeauftragter Aufträge erfasst und weitergibt, welche Informationen er dabei vom Kunden bekommt und wie das Auftragserfassungsformular aussieht. Ihr Auftragserfassungssystem könnte gestaffelt sein, d.h. der Auftrag durchläuft mehrere Softwarepakete oder mehrere Module in einem größeren ERP-System (z.B. SAP R/3[1]). Während dieser Verarbeitung können Informationen dazukommen oder auch wegfallen.

*Zeitpunkt für Export der Auftragsdaten*

Besonders interessant ist es, den günstigsten Zeitpunkt für einen Export der Auftragsdaten in den Lizenzgenerator zu ermitteln (Siehe Kap. 9: „Der Lizenzgenerator“ und Kap. 11: „Integration mit ERP-Systemen“).

*Verkauf ab Lager*

Als nächstes müssen Sie verstehen, wie ein Auftrag weiterbearbeitet wird und wie die Software zur Auslieferung kommt. Geht der Auftrag an ein Zentrallager oder ein zuständiges dezentrales Regionallager? Wird die Software vom Regal verkauft oder wird sie für einige Kunden individuell modifiziert und dann ausgeliefert?

*Hard- und Software-Auslieferung*

Haben Sie eine Vormontage der Applikationen, da Sie nicht nur Software ausliefern, sondern auch gleich die zugehörige Rechner-Hardware? Und wie werden in Ihrem Unternehmen Auftragsänderungen noch vor Liefertermin gehandhabt, da die einzelnen Bestellpositionen vielleicht nicht richtig zusammengestellt sind oder noch weitere Positionen fehlen?

*Installation und Nutzungsverträge*

Wie wird die Software beim Kunden installiert? Durch Ihre Service-Mitarbeiter oder durch den Kunden selbst? Gibt es Nutzungsverträge, die mitausgeliefert werden und bei der Installation per Mausklick oder auf dem Papier bestätigt werden?

---

[1] Eingetragene Warenzeichen der SAP AG

*Software-Updates*

Wie werden Software-Updates gehandhabt? Sind dies komplette Installationen, müssen sie separat bestellt werden oder werden sie unaufgefordert und kostenfrei an den Kunden abgegeben?

*Schutz gegen wen?*

Und zu guter Letzt ist schon bei der Analyse folgender Blickwinkel wichtig: Wem dient der bessere Schutz durch elektronische Lizenzierung? Müssen Sie sich gegen Kunden schützen, die Ihre Software ohne Bedenken an andere Anwender weitergeben oder wollen Sie verhindern, dass Ihre eigenen Service-Mitarbeiter oder Vertriebsbeauftragten gar zu freigebig mit Ihren Produkten umgehen? Schauen wir uns also im nächsten Abschnitt die Zielsetzung an.

## 6.3 Zielsetzung der Lizenzierungseinführung

*Fokus der Lizenzierung*

Nach der gründlichen Analyse der Bestell- und Lieferprozesse in Ihrem Unternehmen ist die Frage nach der Zielsetzung der neu einzuführenden Lizenzierung zu beantworten. Je nachdem, ob Sie sich vor illegaler Weitergabe der Software durch Kunden oder durch eigene Mitarbeiter schützen wollen, werden auch die Anforderungen an die Lizenzierung anders aussehen. Eventuell liegt Ihr Fokus auch ganz woanders, nämlich auf transparenten Auswertungen und Übersichten darüber, welche Kunden welche Software-Versionen im Einsatz haben. Dies sind Informationen, die nicht unbedingt immer aus dem ERP-System abrufbar sind, wohl aber aus der Datenbank des Lizenzgenerators. Diese Daten bilden eine wertvolle Basis für das Produktmarketing und den Vertrieb, um darauf aufbauend gezielte Marketingstrategien und Verkaufsaktionen einzuleiten.

*Menschliche und technische Probleme*

Sie sollten auch bedenken, dass eine zusätzliche Lizenzierung Ihrer Software das Leben nicht einfacher für Ihr Unternehmen macht. Dies soll heißen, wie bereits zuvor erwähnt, dass Sie im eigenen Unternehmen eventuell Widerstand zu erwarten haben, der sich gegen zu verändernde Prozesse richtet. Zum anderen wird die Software komplizierter in der Handhabung, sowohl für die Entwickler und Tester, als auch für die Installation und den Anwender. Je strikter und rigider Sie die Lizenzierung handhaben, desto stärker werden die Schwierigkeiten, mit denen Sie zu kämpfen haben werden, sowohl mitmenschlich als auch technisch.

*Kompromisse finden*

Hier gilt es also, einen Kompromiss zu finden, der Sie Ihr Lizenzierungsziel erreichen lässt, ohne zu stark in die Unternehmensprozesse eingreifen zu müssen.

**Meine Empfehlung hierzu:**
*Beginnen Sie mit einem Pilotprojekt, bei dem Sie minimale Veränderungen in der Logistik vornehmen und dem Anwender oder eigenen Servicepersonal die Installation und Inbetriebnahme der lizenzierten Software so einfach wie möglich machen.*

*Minimale Veränderungen*

Auf diese Weise bekommen Sie Ihr Projekt erst einmal in Gang. Veränderungen, auch Verschärfungen, können Sie später immer noch vornehmen. Auf diese Weise zeigen Sie allen Abteilungen, dass Lizenzierung mit minimalen Veränderungen machbar ist.

*Abhängigkeiten vom Lizenzmodell*

In den vorhergehenden Kapiteln wurde schon angedeutet, dass nicht nur die Bestell- und Auslieferungsverfahren im allgemeinen betrachtet werden müssen, sondern dass geplante Veränderungen auch abhängig vom gewählten Lizenzierungsmodell und auch von der Lizenzierungssoftware sein werden, für die Sie sich entschieden haben.

*Alle Details des Auslieferungsprozesses sind wichtig*

Sie werden zusätzliche Angaben vom Kunden schon bei der Bestellung benötigen, und Sie selbst bieten vielleicht neue Wege der Software-Bestellung an. Die Auslieferung könnte über das Internet erfolgen, oder Sie müssen zusätzliche Lizenzfiles ausliefern. Bei der Installation können sich wieder Rückfragen an die Softwareauslieferung bzw. die Lizenzgenerierung ergeben. Bei Zusatzbestellungen oder Updates wird sowohl wichtig, wie die Software-Installation auf dem Kundenrechner geregelt ist, als auch Ihre Lizenzpolitik und die Inhalte der Lizenzdatenbank sowie die darauf aufgesetzten Verfahren. Mit anderen Worten: Sie werden sich jedes Detail der momentanen und der zukünftigen Bestell- und Auslieferungsprozesse ansehen müssen. Siehe weiter oben unter 6.2: „Analyse der Unternehmensprozesse“.

## 6.4 Die Bestellung lizenzierter Software

*Email-Adressen aufnehmen*

Bei der Softwarebestellung, speziell durch mittlere bis größere Unternehmen, sollten Sie einige Zusatzangaben vorsehen, die bisher wahrscheinlich nicht notwendig waren, z.B. die Email-Adresse des Bestellers und die Email-Adresse des Mitarbeiters, der die Software installiert oder generell des technischen Personals des Kunden. Besonders die letztere Adresse wird wichtig, wenn Sie den Lizenzfile per Email zustellen wollen. Bieten Sie zusätzlich ESD an, fragen Sie diese Angabe sowieso ab.

*Installationsort angeben*

Sollten Sie bislang nicht so genau verfolgt haben, auf welchen Rechnern in welchen Niederlassungen einer großen Firma Ihre Software installiert wird, so kommt jetzt, nach eingeführter Lizenzierung, dem Installationsort große Bedeutung zu. Es könnte sein, dass eine zentrale Stelle des Kunden für die Softwarebestellungen zuständig ist, die Auslieferung aber an diverse Niederlassungen erfolgt. Für Ihre Lizenzdatenbank sind natürlich die Angaben für den Installationsort wichtig. Dies war eventuell zu einem früheren Zeitpunkt nicht aus den Bestellungen ersichtlich. Daraus folgt, dass nun bei Bestellungen immer der Installationsort angegeben werden sollte. Solche Details wirken sich bis auf Veränderungen in den Bestellformularen aus!

*Richtige Zuordnungen durch Angabe des Installationsortes*

Noch einmal zur Erläuterung: Sie haben einen großen Auftrag eines Kunden vorliegen. Die angegebene Lieferadresse ist eine zentrale Adresse des Kunden, der dann Teile der bestellten Software an mehrere seiner Niederlassungen weitergibt. Um die richtige Anzahl an Lizenzfiles zu erzeugen, und um bei Nachbestellungen, Updates oder technischen Problemen eine richtige Zuordnung der bestellten Positionen zum Installationsort treffen zu können, benötigen Sie die Information über die verschiedenen Installationsorte so früh wie möglich.

*Bezugnahme auf frühere Bestellungen*

Es wäre auch zu überlegen, ob ein Kunde bei seiner Neubestellung auf frühere Bestellungen Bezug nehmen sollte – zum Beispiel ältere Versionen der gleichen Software – oder ob er zumindest angeben sollte, welche Softwareversionen er schon im Einsatz hat. Auf diese Weise wird leichter nachzuvollziehen sein, welche Lizenz für ihn in Frage kommt. Andernfalls obliegt diese Überprüfung Ihnen auf zentraler Seite. In der Lizenz-Datenbank ist dieses Wissen implizit enthalten. Sie müssen Verfahren entwerfen, wie die Auswertung dieser Informationen zu erfolgen hat. Zum Beispiel könnten Sie beim Import der Auftragsdaten in den Lizenzrechner abprüfen, ob schon Vorversionen der bestellten Software beim Kunden in Einsatz sind. Entsprechend könnte die Bestellung korrigiert werden (siehe Kap. 11: „Integration mit ERP-Systemen“).

## 6.5 Die Auslieferung

*ELD und ESD*

Eine Bestellung, die früher die Auslieferung einer CD zur Folge hatte, wird in Zukunft vielleicht nur die Auslieferung eines Lizenzfiles erfordern. Die Anwendungs-Software selbst wird aus dem Web heruntergeladen (ESD). Umgekehrt ist auch denkbar, dass Sie zwar Ihre Anwendungs-Software noch als CD ausliefern, aber den Lizenzfile über das Internet zur Verfügung stellen (ELD). Sollten Sie sich sofort für ESD und ELD entscheiden, verändern sich natürlich Ihre gesamten Auslieferungsprozesse.

*Minimalste Veränderung der Lieferprozesse*

Die minimalste Veränderung Ihrer Lieferprozesse wird darin bestehen, dass Sie zusätzlich zur Software auch einen Lizenzfile ausliefern. Dies kann entweder zusammen mit der ausgelieferten Software geschehen oder sofort nach der Installation oder in einem zu definierenden Zeitraum nach der Installation.

*Auslieferungsvarianten*

Je nach gewähltem Lizenzmodell und Installationsverfahren haben Sie verschiedene Optionen für die Auslieferung des Lizenzfiles. Sie können

| | |
|---|---|
| Variante 1: | eine *kundenspezifische CD mit gültigem Lizenzfile* erstellen und ausliefern |
| Variante 2: | eine allgemeine, überall installierbare CD ausliefern, zusätzlich eine Demo-Lizenz, *gültig für 'n' Wochen ab Tag der Auslieferung* |
| Variante 3: | eine überall lauffähige CD ausliefern mit einem Lizenzfile, dessen limitierte *Gültigkeitsperiode ab Installation* beginnt |

**Variante 1**

*Weiche Lizenz über Kundennamen*

Diese Variante erfordert keine weitere Kommunikation mit dem Kunden und auch keine zweite Auslieferung für den „echten" Lizenzfile. Allerdings muss hier für jeden Kunden eine individuelle CD gefertigt werden inklusive des Lizenzfiles, der zum Beispiel den Kundennamen oder seine Hardware-Information verschlüsselt enthält. Eine zweite Möglichkeit ist die zusätzliche Auslieferung einer Diskette mit dem Lizenzfile. Bei Koppelung der Lizenz an Hardwarekennungen ist aber damit zu rechnen, dass diese Information bei Auslieferung oft noch nicht bekannt ist. Somit bleibt nur die Bindung der Lizenz an den Kundennamen oder die Auslieferung eines Demo-Lizenzfiles und damit Variante 2 oder 3 (siehe weiter unten).

*Abb. 2: Auslieferungs-Variante 1*

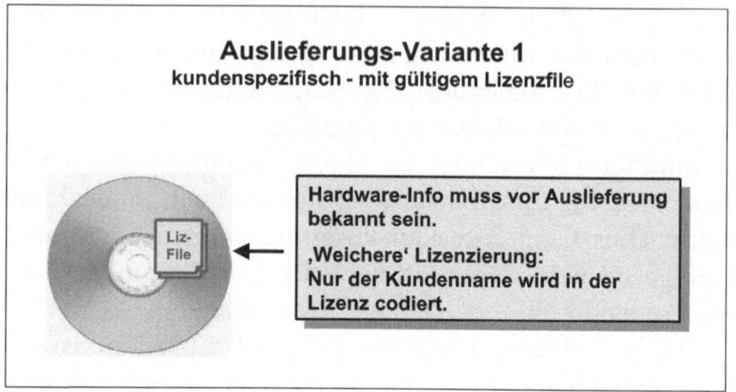


### Variante 2

*Zusätzliche limitierte Demo-Lizenz*

Diese Variante ermöglicht Ihnen zwar weiterhin, die Applikations-CDs auf Lager zu halten und direkt aus dem Regal zu verkaufen, erfordert aber, dass Sie eine Demo-Lizenz erstellen, die ab Auslieferung eine vordefinierte Zeit, zum Beispiel 4 Wochen, gültig ist, und diese zusätzlich ausliefern. Hier kann also keine Standardauslieferung mehr erfolgen, und der Mitarbeiter im Lager braucht außerdem Zugriff auf den Lizenzgenerator – sowie natürlich das Training, um die Lizenz richtig erzeugen zu können. Solche Demo-Lizenzen könnte man allerdings auf Lager halten, jeweils gültig ab Monatsanfang. Nach der Installation muss der Kunde seine Hardware-Information Ihnen als Lieferant übermitteln, und er bekommt im Gegenzug den „echten" Lizenzfile.

*Abb. 3: Auslieferungs-Variante 2 mit Demo-Lizenz*

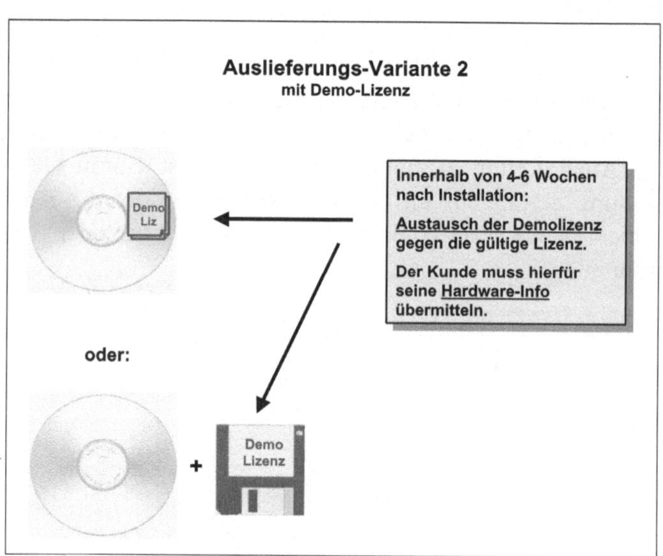

**Variante 3**

*CD ohne Zusatzdiskette*

Diese letzte Variante erlaubt einen Verkauf direkt vom Regal, jeder Kunde bekommt die gleiche CD, und Sie müssen keinen speziellen Lizenzfile mitliefern. Diese Variante setzt erstens voraus, dass die von Ihnen eingesetzte Lizenzierungs-Software diese Art der Lizenzierung erlaubt, zweitens bringt sie mit sich, dass Sie wie bei Variante 2 in einem anschließenden Vorgang mit Hilfe der Kundeninformationen einen vollgültigen Lizenzfile erzeugen und dem Kunden zur Verfügung stellen.

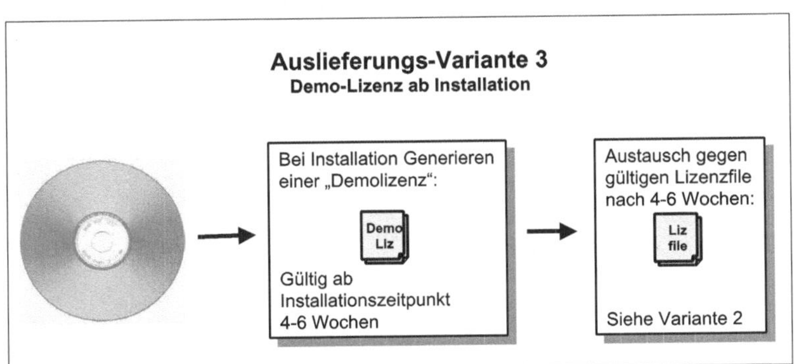


*Abb. 4: Auslieferungs-Variante 3, Demo-Lizenz ab Installation*

*Hotline stärker gefragt*

Da Ihre Software-Anwendung durch die Lizenzierung komplexer geworden ist und Installation und Inbetriebnahme nicht immer reibungslos vonstatten gehen werden, müssen Sie damit rechnen, dass Ihre Hotline stärker gefragt ist als bisher. Auch dort müssen Sie umfangreiches Lizenzierungs-Knowhow aufbauen. Da Sie eine bestimmte Anzahl von Client-Zugriffen auf den Lizenzgenerator vom Hersteller des Lizenzierungstools erwerben, ist hierbei die Hotline auf jeden Fall mit zu berücksichtigen.

Als Ergänzung zu diesem Kapitel beachten Sie bitte auch den Abschnitt 8.1: „Auslieferungs- und Installationsvarianten".

# 7 Entwicklungsaufwände: Änderungen im Sourcecode

## 7.1 Libraries und APIs

*Lizenzserver bedingt Programmänderungen*

Um eine effiziente elektronische Lizenzierung zu realisieren, müssen Ihre Programme in Zukunft mit einem Lizenzserver kommunizieren. Dieser wiederum prüft ab, ob eine gültige Lizenz vorliegt oder nicht. Wegen dieser Kommunikation zwischen Ihrem Programm und dem Lizenzserver sind Programmänderungen unvermeidlich. Nur die Verwendung von Lizenzierungs-Shells enthebt Sie dieser Aufgabe, allerdings sinken auch der Komfort und die Anzahl verfügbarer Leistungsmerkmale der Lizenzierung (siehe Kap. 5.3.1: „Lizenzierungsarten“ sowie Kap. 7.3: „Einsatz von Shells“).

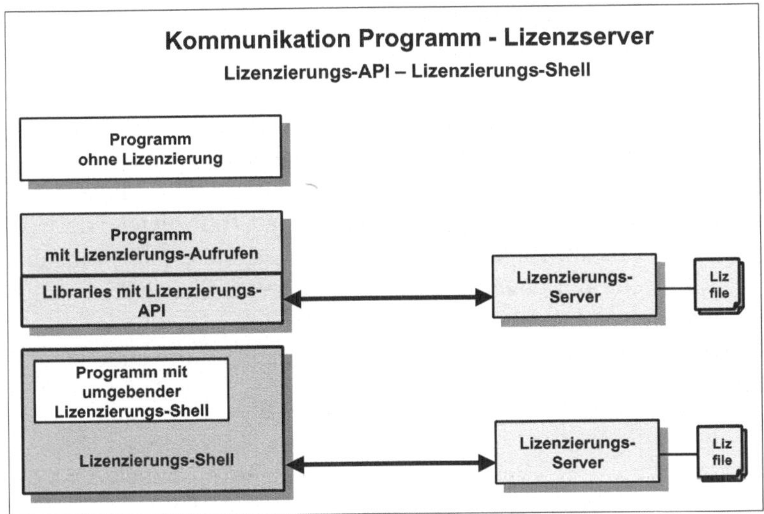


*Abb 5: Kommunikation Programm – Lizenzserver*

*Auswahl des geeigneten Tools*

Die Lizenztool-Hersteller liefern Ihnen Libraries und APIs, um die notwendigen Lizenzserver-Aufrufe einbauen zu können. Für jede Entwicklungsabteilung sind natürlich die dadurch entstehenden Aufwände von großer Wichtigkeit. Schon bei der Auswahl des Lizenzierungstools ist es wichtig, auf die verfügbaren Schnittstellen zu achten. Einige Hersteller stellen nur C-Libraries zur Verfügung, andere auch solche für Java und Visual Basic[1]. Auch die Plattform ist natürlich wichtig: einige Tools unterstützen nur Windows[2]-Varianten, andere hingegen bis zu 20 verschiedene Plattformen. Hier kommt es nun sehr auf Ihre Produktvielfalt an, um zu entscheiden, welche Bandbreite Sie jetzt oder eventuell in Zukunft benötigen. Ein späterer Wechsel des Lizenzierungstools ist nicht unbedingt anzuraten, so dass Sie sich also zukünftige Optionen durch Auswahl des geeigneten Tools offenhalten sollten.

*Aufwände abhängig von der Anzahl Aufrufe*

Wenn Sie die Aufwände für eine Lizenzierungs-Einführung abschätzen wollen und Sie konsultieren dazu die Hersteller des Lizenzierungstools, können Sie eventuell Antworten folgender Art hören: „In 15 Minuten ist alles eingebaut und lauffähig“. Es leuchtet ein, dass diese Aussagen natürlich keinerlei Wert haben. Sicherlich hängt der entstehende Aufwand davon ab, welche Anforderungen Sie an die Lizenzierung stellen. Der einfachste Fall wäre eine einzige pauschale Abfrage, ob eine Lizenz pro Applikation vorliegt oder nicht. Hier kann es sein, dass wenige Aufrufe genügen. Aber auch dies will beherrscht sein.

*Weitere Gründe für Entwicklungsaufwände*

Wodurch entstehen aber mehr Aufwände? Beginnen wir mit der Einarbeitung. Sie werden etwa 2 Wochen brauchen, um die Grundlagen des Lizenzierungstools zu verstehen. Es ist sicher angebracht, vom Hersteller angebotene Schulungen für das Entwicklungsteam wahrzunehmen. In der Regel wollen Sie mehrere Dinge pro Applikation lizenzieren; dies können einzelne Programmfunktionen sein oder zum Beispiel die Anzahl Clients, die die Anwendung im Netzwerk nutzen dürfen. Sie werden sich Gedanken machen müssen, wie Sie auf Fehlerfälle reagieren, und Sie wollen vielleicht alle Sicherheitsmechanismen verwenden, die das Tool bietet. Sie wollen Demo-Lizenzen anders abhandeln als reguläre Lizenzen, und Sie treffen Vorkehrungen für einen zwischenzeitlichen Lizenzausfall zum Beispiel durch Hardwarewechsel.

Folgende **Checkliste** kann Ihnen helfen, alle Aufwände zu kalkulieren:

---

[1] Visual Basic = Eingetragenes Warenzeichen der Firma Microsoft

[2] Windows = Eingetragenes Warenzeichen der Firma Microsoft

- Einarbeitung und Schulung
- Abfrage aller verwendeten Lizenztypen
- Erste Tests
- Erzeugung zusätzlicher DLLs (auf Windows) zwecks sicherer Kommunikation
- Zusätzliche Verschlüsselungen
- Veränderte Installationen
- Integrationstests mit dem Lizenzgenerator
- Verhalten nach Installation
- Verhalten bei Lizenzausfall durch Hardwarewechsel
- Verhalten bei Lizenzüberschreitungen
- Vermehrter Testaufwand durch Abprüfen aller Lizenzfehlerfälle

*Checkliste für alle Entwicklungsaufwände*

Der Einbau der Lizenzierungsaufrufe geschieht zweckmäßigerweise an zentraler Stelle, am besten in einem separaten Modul. Auf diese Weise stören Sie in einem größeren Team nicht die normale Weiterentwicklung des Produktes, da der bisherige Code im Idealfall – nämlich dann, wenn Lizenzierungsabfragen nur bei Programmstart stattfinden – nur um einen Lizenzierungsaufruf an das neue Lizenzmodul erweitert wird. Alle weitere Lizenzierungslogik wird in diesem zusätzlichen Modul realisiert. Dies macht es auch leicht, auf Bedarf die Lizenzierung wieder abzuschalten, sei es zu Testzwecken, sei es für einen beabsichtigten Wechsel des Lizenztools oder weil sich Ihre Firmenpolitik geändert hat.

*Zentrales Lizenzierungsmodul*

## 7.2 Lizenzierung auf Funktionsebene

Lizenzierung kann unter Umständen sehr einfach aussehen. Wollen Sie nur überprüfen, ob eine Programmdatei aufgerufen werden darf oder nicht, kommen Sie mit einem simplen Aufruf im Programmcode und einem sehr kleinen Lizenzfile aus.

*Einfachste Lizenz*

Anders sieht es aus, wenn Ihr Produkt in vielen Varianten und wenn eine Reihe von Leistungsmerkmalen zusätzlich verkauft werden. Sie sind eventuell mit einem Gemisch qualitativ unterschiedlicher Positionen konfrontiert, die sich zwar leicht in dieser Form verkaufen lassen, die aber durch unterschiedliche Lizenztypen abgebildet werden müssen. Dies allein lässt Ihr Lizenzmodul, um das Sie Ihre Sourcen erweitern, anwachsen.

*Unterschiedliche Lizenzabfragen*

*Verschiedene Lizenztypen*

Die bereits vorhandenen Verkaufspositionen können unter anderem von folgendem Typ sein:

- Zusätzliche Funktionen, durch Menü aufrufbar
- Anzahl Clients im Netz
- Anzahl bestimmter Datenbank-Einträge
- Upgrades oder Erstversionen
- Bündel mehrerer Leistungsmerkmale in unterschiedlichen Zusammenstellungen

*Sind die Programme vorbereitet?*

Wichtig aber ist vor allem: Ist Ihre Software bereits in der Lage, alle verkauften Leistungsmerkmale und Varianten freizuschalten oder zu sperren? Denn was nützt Ihnen im laufenden Betrieb das Abprüfen eines lizenzierten Leistungsmerkmals, wenn Sie im Programm auf die positive oder negative Antwort des Lizenzservers gar nicht reagieren können?

*Wie klar ist die Software strukturiert*

Ein Beispiel: Die Berechtigung dafür, dass bestimmte Sätze in der Datenbank Ihres Produktes geändert werden dürfen, verkaufen Sie als kostenpflichtiges Leistungsmerkmal. Diesen Teil Ihres Sourcecodes müssen Sie zum Beispiel insgesamt durch Abfrage eines Schalters sperren können, zusätzlich vielleicht auch einige zugehörige Menüpunkte. Vielleicht ist die Software gar nicht so klar strukturiert, dass Ihnen dies ohne großen Aufwand gelingt?

*Datenbank-Abfragen*

Ein anderes Beispiel: Sie lizenzieren eine komplexe Datenbank-Anwendung. Sie lassen in der Grundversion maximal 500 Basissätze zu. Die nächsten 500 Basissätze verkaufen Sie als kostenpflichtiges Leistungsmerkmal. Diese Informationen haben Sie zwar in der Datenbank verfügbar, aber die Abfrage dafür ist nicht vorhanden. Auch müssten Sie sich gut überlegen, bei welchen Vorgängen die Abfrage aktiviert werden soll: nur bei Programmstart oder bei jedem Einfügevorgang, der die Anzahl Teilnehmer in der Datenbank vermehrt. Und geben Sie als Resultat nur Warnungen aus oder beenden Sie die Software mit einer entsprechenden Meldung?

*Unterschiedliche Bündelung von Produkt-Funktionen*

Und ein drittes Beispiel: Ihre Software besitzt die Funktionen A bis G. Die Grundversion beinhaltet die Funktionen A bis C, die Medium-Version die Funktionen A, B und E (aber nicht C und D), die Professional Version alles. Diese unterschiedliche Bündelung müsste eigentlich schon in der Software realisiert sein. In solch einem Falle wird es Ihnen auch nicht schwerfallen, die schon vorhandenen Staffelungen zu Lizenzaufrufen in Beziehung zu setzen.

Erst wenn Sie sich genauestens darüber klar sind, ob Sie das derzeitige Verkaufsmodell bei der Lizenzierungseinführung übernehmen wollen, können Sie verlässlich abschätzen, welche Entwicklungsaufwände auf Sie zukommen.

*Verkaufsmodell vor Abschätzung der Aufwände*

Die abgeschätzten Entwicklungsaufwände stellen auch eine gute Basis für die nächste wichtige Überlegung dar: Bietet nicht die Lizenzierung die Möglichkeit, das Produkt vollkommen anders zu vermarkten? Hier ist eine gute Zusammenarbeit zwischen Produktmarketing und Entwicklung vonnöten. An dieser Stelle sei aber noch einmal folgender dringender Hinweis ausgesprochen:

*Rückwirkungen auf Produktmarketing*

**Warnung:**
*Packen Sie in das erste Lizenzierungsprojekt nicht zu viele Schwierigkeiten hinein. Sie wollen vor allem erfolgreich lizenzieren und dieses an Ihrem ersten Projekt auch demonstrieren. Das Ausreizen aller Lizenzierungsmöglichkeiten sollten Sie sich für Nachfolgeprojekte oder zukünftige Softwareversionen vorbehalten.*

*Nicht alle Möglichkeiten ausreizen!*

## 7.3 Einsatz von Shells

Eine Änderung der Programmquellen ist unerlässlich, wenn Sie alle Möglichkeiten eines Lizenzierungstools ausschöpfen wollen. Was aber können Sie tun, wenn Sie ältere Produkte lizenzieren wollen, deren Quellen Sie nicht mehr verändern wollen? Oder wie verfahren Sie mit Fremdprodukten, die ursprünglich nicht lizenziert sind, die Sie aber in Ihre Lizenzierungsanstrengungen mit einbeziehen möchten?

*Lizenzierung ohne Zugriff auf Quellcode*

Hier kommt das Prinzip der Lizenzierungs-Shell zum Tragen. Eine solche Shell ist eine Software-„Hülle“, die Sie um die zu lizenzierende Software, zum Beispiel ein ausführbares Programm, herumlegen. Alle Aufrufe an den Lizenzserver werden von dieser Shell übernommen.

*Shell übernimmt Lizenzierung*

Solche Shells werden von einigen Lizenzierungstool-Herstellern angeboten, bieten aber in der Regel bei weitem nicht den Funktionsumfang wie ein API bzw. Libraries. Wenn Ihre Anforderungen an die Lizenzierungsmechanismen aber nicht allzu hoch sind, ist eine Shell nicht nur für ältere Applikationen, die Sie nicht mehr verändern möchten, die Lösung der Wahl. Auch für Ihre aktuelle Software, mit der Sie Ihren Lizenzierungsprozess starten möchten, ist es vielleicht ausreichend, auf eine einzige Lizenz hin abzufra-

*Geringer Funktionsumfang der Shells*

gen, und Sie benötigen vielleicht auch nicht die Vielzahl von Modi für das Ausstellen einer Lizenz (siehe Kap. 5.3.1: „Lizenzierungsarten“). Ein weiteres Plus: Sie sind mit einer Shell unabhängig von der Programmiersprache, in der Ihr Programm oder die Fremdsoftware geschrieben wurde.

*Abb 6: Lizenzierung mit Shells*

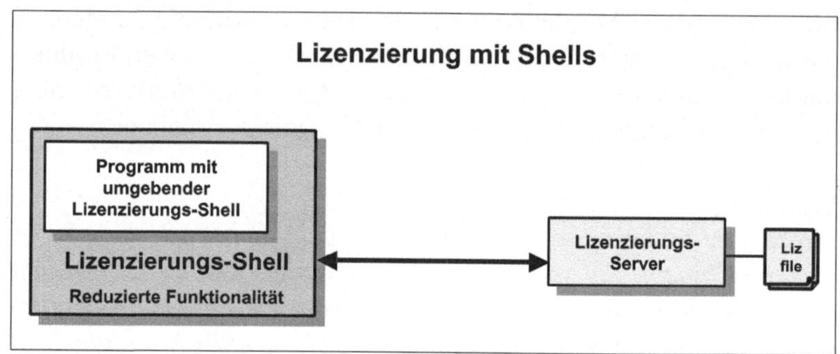


*Abstriche bei der Sicherheit*

Beim Thema Sicherheit müssten Sie eventuell Abstriche machen, wenn Sie eine Shell verwenden. Hier haben Sie es nicht mehr in der Hand, zum Beispiel eigene DLLs in die Datenkommunikation zwischen Applikation und Lizenzserver einzuschalten oder diesen Verkehr noch einmal extra zu verschlüsseln. Hier gilt es, sich genauestens beim Hersteller zu erkundigen, welche Sicherheitsmechanismen in den Datenverkehr mit der Shell eingebaut sind.

# 8 Installation beim Kunden

Für die Änderungen, die Sie bedingt durch die Lizenzierung an Ihren Software-Installationen anbringen müssen, gibt es mehrere Varianten. Diese Varianten werden im folgenden Abschnitt im Detail erörtert. Welche der Varianten Sie realisieren werden, hängt in großem Masse davon ab, ob Sie dem Kunden Demo-Versionen und -Lizenzen ausliefern möchten.

*Mehrere Auslieferungs-varianten sind möglich*

## 8.1 Auslieferungs- und Installationsvarianten

In den folgenden Diagrammen ist dargestellt, welche Schritte bei Auslieferung und Installation lizenzierter Software zu beachten sind.
Die dargestellten ***Varianten*** sind **nur** drei von ***mehreren***, die für lizenzierte Softwareversionen möglich sind. Die gewählte Lösung wird sehr stark davon abhängen, ob

*Auslieferungs-varianten abhängig von diversen Faktoren*

1. der Kunde selbst installiert oder Ihre Servicetechniker
2. kundenspezifische CDs gefertigt werden
3. der gewohnte Auslieferungs- und Installationsprozess möglichst wenig verändert werden soll
4. der Lizenzfile per Webinterface abgerufen werden kann

### 8.1.1 Installation ohne Lizenzfile

Wie im Ablaufdiagramm weiter unten dargestellt, wird die Software auch nach eingeführtem Lizenzierungsprozess vom Regal verkauft und ohne Berücksichtigung von Lizenzierungsbelangen – d.h. für den Kunden unsichtbar – installiert.

*Verkauf vom Regal*

*Demo-Lizenz 'n' Wochen*

Die Software ist nach Installation 'n' Wochen lauffähig, nur beim Start der Applikation erscheint eine Meldung, die auf die provisorische Lizenz hinweist sowie auf die weitere Laufzeit in Tagen. Genau genommen handelt es sich hier um eine Demo-Lizenz oder TBYB-Lizenz, die zum Zeitpunkt der Installation losläuft. Je nach Hersteller muss dieser Mechanismus nicht durch Lizenzfiles abgebildet sein.

*Abb 7: TBYB-Installation ohne Lizenzfile*

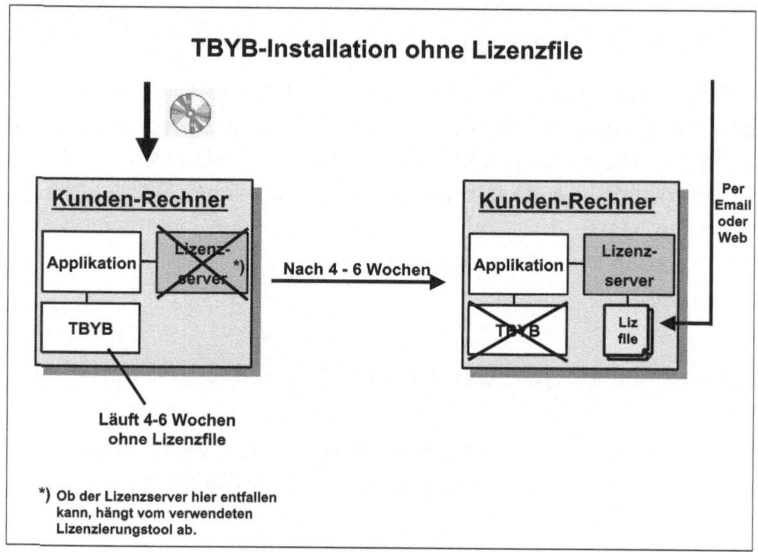


*Abruf der gültigen Lizenz*

Entweder direkt nach der Installation oder im Verlauf der nächsten n Wochen ruft der Kunde (oder der installierende Servicetechniker) die gültige Lizenz vom zentralen Lizenzgenerator des Softwareanbieters ab und installiert diesen File korrekt. Der Abruf geschieht in der Regel über das Internet, ist aber auch per Email oder Fax möglich. Ein Abruf per Telefon empfiehlt sich nicht wegen der entstehenden Übermittlungsfehler. Speziell bei größeren Lizenzfiles ist dieser Weg nicht gangbar.

### 8.1.2 Installation mit zeitlimitierter Demo-Lizenz

*Separat gelieferte Demo-Lizenz*

Bei dieser Variante erzeugen Sie entweder pro Auslieferung oder zum ersten eines jeden Monats einen zeitlimitierten Lizenzfile, der sowohl zu Demozwecken als auch für eine problemlose Kundeninstallation verwendet werden kann. Eine solche Lizenz können Sie entweder auf die zu liefernde CD kopieren, mit allen Nachteilen, die eine solche Spezialanfertigung mit sich bringt, oder Sie liefern den Lizenzfile auf einer zusätzlichen Diskette mit.

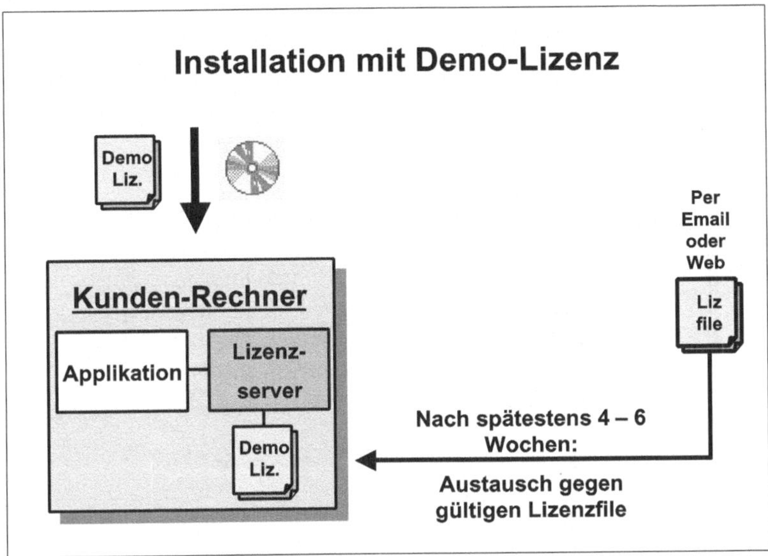


*Abb 8: Auslieferung und Installation mit Demo-Lizenz*

*Demo-Lizenzen auf Lager halten*

Um die Lagerauslieferung nicht zusätzlich mit dem Generieren von Lizenzen zu belasten, empfiehlt es sich, regelmäßig jeden Monat oder zum Beispiel alle 2 Monate Demo-Lizenzen zu generieren und der Auslieferung zur Verfügung zu stellen. Solche Lizenzen laufen auf allen Maschinen und sind auch für die Überbrückung eventueller Problemsituationen bestens geeignet.

*Sonst wie Variante 1*

Wie bei der oben geschilderten ersten Variante gilt auch hier, dass die Demo-Lizenz entweder sofort nach der Installation oder im Laufe der nächsten Wochen durch die echte Lizenz ersetzt werden muss.

### 8.1.3 Auslieferung vorkonfigurierter Hardware

*Schulung für die Bedienung des Lizenz-generators*

Diese Variante kommt dann für Sie zur Anwendung, wenn Sie nicht nur Software ausliefern, sondern auch die zugehörige Hardware, auf der schon vor Auslieferung zum Kunden die bestellte Software installiert wird. In diesem Fall macht es natürlich keinen Sinn, mit Demo-Lizenzen zu arbeiten. Ihr eigenes Personal, das die

Installation vornimmt, sollte entweder direkten Zugang zum Lizenzgenerator haben, um über die GUI des Generators die richtige Lizenz zu erstellen oder, wie die Servicetechniker, die beim Kunden installieren, einen Zugang zum Webinterface, um die Lizenz abrufen zu können. Für die Direktbedienung des Lizenzgenerators ist natürlich eine Schulung unumgänglich!

*Abb 9: Vorkonfigurierte Auslieferung*

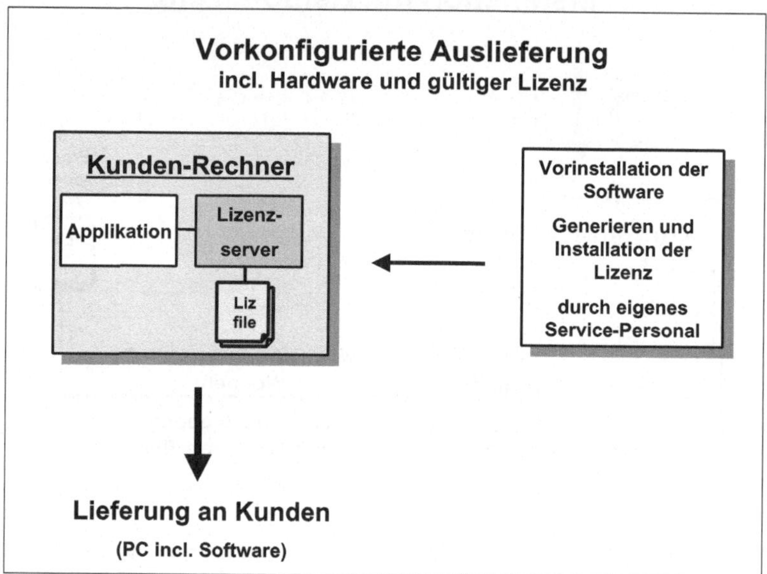


## 8.2 Erweiterungen der Installationsskripte

*Unsichtbare Installation*

Die Installation der für die Lizenzierung notwendigen Files und Software-Tools kann im wesentlichen unsichtbar für den Anwender erfolgen. Allerdings sollten Sie dem Kunden schon vermitteln, dass seine Software ab jetzt lizenziert ist, zum Beispiel mittels eines kurzen *Lizenzvertrages*, der bei der Installation auf dem Bildschirm erscheint und dessen Akzeptanz per Mausklick bestätigt werden muss.

*Einzelplatz und Client-Server*

Das Installationsskript muss mindestens dafür sorgen, dass der Lizenzserver und alle notwendigen Files, z.B. DLLs, mitinstalliert werden. Hier ist zwischen einer *Einzelplatz-* und einer *Client-Server-Lösung* zu unterscheiden. Eine Einzelplatzlösung ist für eine Installation unproblematischer, da hier alle Files auf derselben Maschine installiert werden. Manchmal benötigen Sie bei einer

Einzelplatzlösung, je nach Lizenztool, nicht einmal einen Lizenzserver. In einer Client-Server-Umgebung wollen Sie Ihren Lizenzserver (eigentlich: den „Service“) nur einmal auf einem Rechner im Netzwerk installieren. Ebenso liegen später nur dort die Lizenzfiles. Dieser Zielrechner ist während des Installationsvorgangs abzufragen. Vielleicht ist sowieso schon eine Rechnerabfrage im Installationsskript integriert, da Sie einen Datenbankserver verwenden. Dann könnte es geschickt sein, den Lizenzserver genau auf diesem Rechner zu installieren. Auf diese Weise sparen Sie sich eine Abfrage.

*Vorschriften bei Grosskunden*

Größere Kunden betreiben unter Umständen bereits einen Lizenzserver für ihre bisherigen Anwendungen. Dies sind in der Regel ausgediente Rechner ohne besonders starke Rechnerleistung, auf denen ausschließlich Lizenzserver und Lizenzfiles installiert werden. In der Regel besteht bei solchen Kunden der Wunsch bzw. die Vorschrift, diesen Rechner für alle weiteren Lizenzierungsvorgänge zu verwenden.

*Hardwaredaten des Lizenzservers*

Die Lizenz des Anwenders wird meist an eine Hardwarekennung gebunden, also zum Beispiel MAC-Adresse (Ethernet-Karte) oder eine Disk-Id. In einer Client-Server-Umgebung ist dies eine Hardwarekennung des Servers, bei einer Einzelplatzlösung brauchen Sie diese Unterscheidung nicht zu treffen, sofern Sie die freie Rechnerwahl bei der Installation haben (siehe weiter oben: Kundenlizenzserver).

*Automatisches Auslesen der Hardwaredaten*

Die *Hardwaredaten des Rechners, den Sie als Lizenzserver verwenden,* sollten Sie während der Installation automatisch auslesen und in einer Textdatei zur Verfügung stellen. Außerdem empfiehlt es sich, auf Windows-Systemen den Aufruf dieser Textdatei in das Start-Menü der Produktgruppe einzuschließen (bei anderen Betriebssystemen ist entsprechend zu verfahren), so dass später immer wieder leicht die Hardware-Information abgerufen werden kann. Ein kleines Programm für das Auslesen ist meistens im Lieferumfang des Lizenzierungstools enthalten. Dieses Verfahren können Sie entweder dann anwenden, wenn Sie einen Teil der Installation auf dem Lizenzserver direkt ablaufen lassen oder wenn Sie vom Installations-PC direkten Zugriff auf das Dateisystem des Lizenzservers haben.

*Flexible Installation*

**Tip:**
*Ihre Installation muss so flexibel sein, dass sowohl Lizenzserver als auch alle zugehörigen Dateien entweder lokal oder auf dem Lizenzserver installiert werden können. Da Sie nicht wissen können, ob Sie vom*

*Anwendungsrechner während der Installation einen direkten Zugriff auf einen separaten Lizenzserver haben werden, sind Sie in der Regel gezwungen, Ihre Installation zu splitten: Ein Teil der Installation muss je nach Kundensituation direkt auf dem Lizenzserver ablaufen.*

*Installation des Lizenzfiles*

Sofort nach der Installation oder zu einem späteren Zeitpunkt muss der Anwender den *korrekten Lizenzfile* installieren, den er sich zum Beispiel per Download über ein Webinterface angefordert hat. Weiß der Anwender, wo genau er diesen File zu platzieren hat? Damit Sie ihm diesen Vorgang erleichtern und selbst keine Supporttätigkeit leisten müssen, empfiehlt sich hierfür ein kleines Programm, das nach dem Download die Quelle des Lizenzfiles abfragt und diesen dann automatisch an den richtigen Bestimmungsort kopiert. Außerdem sollte es einen Stop und Start des Lizenzservers veranlassen oder, wenn das nicht notwendig ist, ein Neueinlesen des Lizenzfiles.

*Administrationstools für Lizenzserver*

Für spätere Maintenance-Zwecke bieten die Lizenztool-Hersteller *zusätzliche Werkzeuge*, die Sie eventuell gleich beim Anwender mitinstallieren sollten. Durch Netzwerkprobleme oder Umkonfiguration von Rechnern kann es durchaus einmal vorkommen, dass ein Lizenzfile nicht mehr zugänglich ist, ein Service nicht hochgefahren ist oder die Anzahl Floating-Lizenzen überschritten scheint, obwohl dies eigentlich nicht hätte passieren dürfen. Für solche Fälle ist es günstig, wenn der Anwender entweder selbsttätig oder unter der telefonischen Anleitung Ihres Supports bzw. Ihrer Hotline überprüfen kann, welche Lizenzen gerade aktiv sind oder wenn er den Server starten und stoppen kann. Es wäre an dieser Stelle zu überlegen, ob Sie tatsächlich alle verfügbaren Tools mitausliefern oder nur die minimal notwendigen. Hier gibt es Abhängigkeiten zu Ihrer generellen Support-Strategie.

*Hinweise im Lizenzfile*

Es wäre auch von Vorteil, wenn Sie in dem nach der Installation abgeholten Lizenzfile einen *Hinweis integrieren*, wo dieser File zu installieren ist. Obwohl Sie auch ein Tool für dessen Installation mitliefern sollten, kann ein solcher Hinweis nur dazu beitragen, dass die Installation des Lizenzfiles problemlos verläuft. Dies erspart Ihnen spätere Anfragen und Kosten.

## 8.3 Software-Updates

*Problemsituationen nach Erstinstallation*

Haben Sie einmal die Erstinstallationen Ihrer neu lizenzierten Software hinter sich, glauben Sie sich unter Umständen im sicheren Terrain, mit anderen Worten: Sie haben die Lizenzierung in all ihren Aspekten realisiert und das Projekt zum Abschluss gebracht. Oder doch noch nicht?

Haben Sie schon über Korrekturen, Updates und Upgrades nachgedacht? Wie handhaben Sie Zusatzbestellungen mit Erweiterung der Kundenkonfiguration, Rückgabe und Austausch von Lizenzen und schließlich einen kompletten Versionswechsel?

*Einfache Lösungen wählen*

Auch hier gibt es natürlich mehrere denkbare und auch praktikable Verfahrensweisen, die aber in ihrer Komplexität sehr unterschiedlich sein können. Da Sie weder sich selbst noch dem Kunden das Leben unnötig schwermachen wollen und auch an Ihre eigenen Kosten und Administrationsaufwände denken müssen, empfiehlt sich eine einfache Lösung. Diese sollte aber trotzdem Ihr Bedürfnis nach vollständiger Lizenzierung aller Versionen abdecken.

### 8.3.1 Upgrade auf höhere Versionen

*Überprüfen der Upgrade-Berechtigung*

Nehmen wir als Beispiel den Upgrade auf eine höhere Softwareversion. Sie haben preislich zwischen einer Neuinstallation und einem Upgrade unterschieden, obwohl die installierte Software dieselbe ist. Da der Upgrade preiswerter ist, sind Sie natürlich daran interessiert zu überprüfen, ob der Kunde schon die vorherige Version bekommen und installiert hatte oder nicht. Dies lässt sich auf drei Arten lösen:

*Software-Vorversion*

1. Die Software prüft, unabhängig von der Lizenzierung, bei der Installation ab, ob auf dem Rechner schon eine Vorversion installiert ist. Dies setzt erstens voraus, dass die neue Version auf dem gleichen Rechner installiert wird (was nicht immer der Fall ist) und zweitens, dass die Installations-CD der Upgradeversion verschieden ist von der Neuinstallation. Auch dies könnte man aus Kostengründen vermieden haben.

*Lizenz für Vorversion*

2. Die Installation überprüft, ob eine Lizenz der Vorgängerversion auf dem Rechner zu finden ist. Auch dies würde bedeuten, dass die Installations-CD des Updates eine andere ist als die der Neuinstallation.

*Lizenzgenerator*

3. Sie überprüfen die Berechtigung für die Update-Lizenz auf dem Lizenzgenerator. Dies kann entweder beim Import der Bestellungen geschehen oder bei der Generierung der Lizenz.

*Überprüfung im Lizenzgenerator: einfach und verläßlich*

Der einfachste und verlässlichste Weg ist die Überprüfung auf dem Lizenzgenerator. Hier kommt es jetzt sehr darauf an, welche Möglichkeiten Ihnen das Lizenzierungstool bietet. Ein mitgeliefertes Importprogramm, so nützlich es auch sonst ist, kann Ihnen hier nicht weiterhelfen, da Sie es nicht modifizieren können. Eventuell haben Sie die Möglichkeit, Insert-Trigger in die Datenbank einzubauen, die im Falle einer Nichtberechtigung den Import des Datensatzes ablehnen oder eine Warnmeldung ausgeben.

*GUI-Eingriff nicht zu empfehlen*

Die Überprüfung während der Lizenzgenerierung würde einen Eingriff in das GUI[1] bedeuten oder wiederum eine Trigger-Manipulation der Datenbank. Beides sind Änderungen, die vielleicht nicht ganz einfach durchzuführen sind. Auch ist zu bedenken, dass bei einer neuen Version des Lizenzgenerators alle Änderungen zu berücksichtigen sind, die Sie an der Standardfassung des Tools angebracht haben.

*Überprüfen während des Imports*

Eine Überprüfung bei Datenimport in den Lizenzgenerator ist sinnvoll, bedingt aber die Programmierung eines eigenen Import-Programms. Standardmäßig mitgelieferte Programme können dann nicht mehr verwendet werden.

*Überprüfung notwendig?*

Eine letzte noch nicht erwähnte Möglichkeit ist die, dass Sie überhaupt nichts überprüfen. Dies birgt das Risiko in sich, dass unberechtigterweise Upgrades bestellt werden. Auf der anderen Seite muss die Frage erlaubt sein, ob dieser Fall so häufig vorkommt und deshalb die Aufwände zur Überprüfung rechtfertigt.

**Ein brauchbarer Kompromiss:**

*Kompromiss*

*Sie verzichten auf eine automatische Berechtigungs-Überprüfung, kontrollieren aber später durch Datenbank-Reports, ob mit der Bestellung von Upgrades Missbrauch getrieben wurde.*

Ist dies in größerem Ausmaß geschehen, können Sie immer noch Maßnahmen zur automatischen Kontrolle ergreifen.

[1] GUI = Graphical User Interface

## 8.3.2 Updates und Fehlerbehebung

*Keine neue Lizenz für Updates*

Updates und Fehlerbehebungen sind die Lizenzierung betreffend unkritisch. Die meisten Softwarehersteller liefern solche Updates kostenfrei, somit unterliegen Sie auch nicht einer erneuten Lizenzierungspflicht. Der einmal gelieferte und installierte Lizenzfile gilt also auch weiterhin.

# 8.4 Installation im Multi-Vendor Environment

*Lizenzserver schon vorhanden*

In einem Multi-Vendor Environment (gemischte Kundeninstallation) sind zusätzlich zu Ihren eigenen Softwareinstallationen auch Produkte anderer Hersteller installiert – nicht unbedingt auf den gleichen PCs, aber im gleichen Netzwerk. Da die Softwareproduzenten zunehmend dazu übergehen, ihre Software zu lizenzieren, ist es durchaus möglich, dass in Ihrem Zielnetzwerk des Kunden schon lizenzierte Software mit einem Lizenzserver aktiv ist. Hier ist natürlich die Wahrscheinlichkeit am größten, dass das Lizenztool eines Marktführers eingesetzt wurde.

*Am Markt orientieren*

Ein solches Szenario ist ein zusätzliches Argument dafür, dass Sie sich bei der Auswahl des Lizenztools am Markt orientieren. Der Kunde wird später nicht begeistert sein, wenn für seine diversen installierten Softwareprodukte auch ebenso viele Lizenzserver aktiv sind. Im allgemeinen können die Lizenzserver der größeren Hersteller von Lizenzierungstools mit verschiedensten Applikationen, die auch von verschiedenen Lieferanten installiert wurden, umgehen. Selbst Versionsunterschiede des verwendeten Tools sollten keine Rolle spielen.

*Nur ein Tool im eigenen Unternehmen*

In Ihrem eigenen Hause setzen eventuell schon einige Abteilungen unterschiedliche Lizenztools ein – ohne dass Sie davon Kenntnis erlangt haben. (In größeren Unternehmen bleibt ja so manches Mal die Kommunikation auf der Strecke.) Wenn also ein Kunde mehrere Softwarepakete Ihres Unternehmens bestellt, die von unterschiedlichen Abteilungen produziert werden, kann er auch dadurch in die unangenehme Situation kommen, sich mit diversen Lizenzservern auseinandersetzen zu müssen.

Ein erstrebenswertes Ziel für die Kundenkonfiguration muss also ganz klar sein, dass der Kunde nach Möglichkeit nur einen einzigen Lizenzserver zu administrieren hat. Dieses erreichen Sie am wahrscheinlichsten durch die Auswahl eines gängigen Lizenzierungstools, sowie dadurch, dass Sie den Einsatz dieses Tools in Ihrem gesamten Unternehmen verpflichtend machen.

*Abfrage auf Lizenzserver bei Installation*

Korrekterweise sollten Sie also bei der Installation abfragen, ob bereits ein Lizenzserver des gleichen Herstellers im Netz installiert ist und ob dieser für Ihr Produkt mitverwendet werden soll. Eventuell gestattet das verwendete Lizenztool mehrere Server im Netz. Falls Ihre eigenen Servicetechniker installieren, ist hier eine vorherige Abstimmung mit dem jeweiligen IT-Leiter unbedingt erforderlich.

## 8.5 Ausfallsicherheit durch mehrere Lizenzserver

*Reaktion bei Ausfall des Servers*

Sobald Ihre Softwareprodukte lizenziert sind und mit einem Lizenzserver kommunizieren, wird der Lizenzserver ein fester Bestandteil Ihrer Installation und der Laufzeitumgebung. Dies kann dann zusätzliche Maßnahmen erfordern, wenn es um die Ausfallsicherheit Ihrer Software bzw. um den Verfügbarkeitsgrad des Systems geht. Wenn der Lizenzserver ausfällt und als Reaktion darauf Ihre Applikation gültige Lizenzen vermisst, wird in der Regel die Applikation nach entsprechenden Warnungen und Meldungen beendet.

*Kritische Anwendungen*

Was können Sie aber tun, wenn Sie äußerst kritische Anwendungen ausliefern, die sich nicht beenden dürfen, weil die Kundenprozesse dadurch empfindlich gestört würden? Dies könnten zum Beispiel Realtime-Systeme sein, wie Software für Montagestrassen, Werkzeugmaschinen oder Kommunikationssysteme.

*Redundancy*

Um nicht durch den Ausfall des Lizenzservers in eine derartige – für den Kunden nicht akzeptable – Situation zu gelangen, bieten die Hersteller der Lizenzierungstools verschiedene Lösungen an. Die meisten beruhen auf dem Prinzip der Mehrfachverfügbarkeit (redundancy) der Lizenzserver. Hierfür werden mehrere Lizenzserver installiert, die mehr oder weniger intelligent miteinander kommunizieren. Ziele solcher Konfigurationen sind entweder die Ausfallsicherheit oder eine Lastverteilung.

Folgende Varianten der Toolhersteller haben sich in der Praxis bewährt:

**1. Serverlisten**

Das Prinzip der Serverlisten beruht darauf, dass im Lizenzfile eine Rangfolge von Lizenzservern angegeben wird, die der Reihe nach angesprochen werden können. Solche Serverlisten können dann interessant sein, wenn ein Unternehmen mit weltweit verteilten Niederlassungen rund um die Uhr arbeiten möchte mit möglichst idealer gleichmäßiger Lastverteilung. Japaner, Europäer und Amerikaner arbeiten zwar aufgrund der unterschiedlichen Zeitzonen normalerweise zu unterschiedlichen Zeiten, so dass sie auch auf den gleichen Server zugreifen könnten, aber es gibt Überlappungszeiträume, die durch Serverlisten aufgefangen werden können. Ist in diesem Beispiel der japanische Server nicht frei, beziehungsweise seine Lizenzen erschöpft, geht die nächste Anfrage automatisch an den amerikanischen Rechner und so weiter.

*Rangfolge von Lizenzservern*

**2. Redundante Server (Ausfallsicherheit)**

Redundante Server dienen je nach verwendetem Lizenzierungstool entweder auch der Lastverteilung oder einfach der Ausfallsicherheit. Eine gängige Variante stellt die Verbindung dreier Lizenzserver im Netz dar. Alle Server haben den gleichen Lizenzfile, in dem diese drei Server aufgeführt sind. Die Server kommunizieren miteinander, sie tauschen sogenannte „Heartbeats“ miteinander aus. Wenn ein Server ausfällt und die zwei anderen noch in Betrieb sind, läuft die lizenzierte Software weiterhin normal und es können Lizenzen abgefordert werden. In dieser Zeit kann der ausgefallene Server wieder instandgesetzt werden.

*Kommunizierende Server*

**3. Gezielte Lastverteilung**

Diese Variante sieht vor, dass vom gekauften Lizenzpool von vornherein jeder Server nur eine bestimmte Anzahl verwaltet. Auf diese Weise lässt sich die Anzahl der von einer bestimmten Rechnerdomaine oder einem Subnetz nutzbaren Lizenzen von vornherein begrenzen. Allerdings ist sie nicht so flexibel einsetzbar wie die zuvor geschilderten Varianten.

*Last auf mehrere Server verteilen*

Auf eine solche Situation mit mehreren redundanten Lizenzservern muss nicht nur die Installation vorbereitet sein (Abfrage mehrerer Servernamen), sondern auch der Lizenzgenerierungsprozess, sei es über ein Webinterface oder über die direkte Benutzeroberfläche des Lizenzgenerators. Für den Kunden oder Ihre eigenen Service-Mannschaft ist eine Situation mit mehreren Servern nicht mehr ganz so leicht zu handhaben wie ein einziger Server, so dass Sie dies bei Dokumentation und Training unbedingt berücksichtigen müssen!

## 8.6 Anwender-Dokumentation

*Unterstützung für den Anwender*

Lizenzierung lässt sich weitgehend unsichtbar für den Anwender implementieren. Ist nach Aufforderung der richtige Lizenzfile implementiert, sollte man von der Lizenzierung eigentlich nichts mehr bemerken. Allerdings muss der Anwender mindestens wissen, was er zur Implementierung des vollgültigen Lizenzfiles zu tun hat. Auch diesen Vorgang sollten Sie, wie schon weiter oben erwähnt, durch ein Tool unterstützen. Was geschieht aber, wenn der Anwender seine Limits überschreitet, wenn er zum Beispiel 5 Clients gekauft hat, sich aber 7 Clients anmelden wollen?

*Meldungen der Applikationen*

Softwaremässig sind solche Standardfälle problemlos zu lösen: Immer dann, wenn der Lizenzserver den Zugriff verweigert, bringt die Applikation eine Meldung auf den Bildschirm, dass die Lizenzgrenzen überschritten sind. Entweder belässt man es bei dieser Meldung, oder die Anwendung beendet sich zusätzlich.

*Dokumentation für Fehlersituationen*

Weiß aber der Anwender aufgrund von Warn- oder Fehlermeldungen, was genau er jetzt zu tun hat? Sollte sich der Lizenzserver einmal beenden oder ein Lizenzfile nicht mehr gefunden werden, ist dann dem Anwender klar, wie er aus der Fehlersituation wieder herauskommt? Hat er überhaupt verstanden, welche Komponenten für die Lizenzierung auf seinen Rechnern installiert sind? Hier hilft nur eines: Dokumentation.

*Administrationstools*

Denn auch nach ordnungsgemäßer Installation aller Lizenzierungsdateien können Situationen auftreten, in denen ein Start oder Stop des Lizenzservers nötig wird, oder in denen man nachprüfen muss, wie viele Lizenzen gekauft worden sind oder welche Lizenzen gerade aktiv genutzt werden. Um dem Kunden oder Ihren eigenen Support-Mitarbeitern das Leben hier leichter zu machen, empfiehlt sich eine Dokumentation, die Sie zusammen mit Ihren Hilfefiles ausliefern und auch installieren sollten.

*Lizenzserver und -files*

Zum grundsätzlichen Verständnis sollten Sie darin beschreiben, was ein Lizenzserver und ein Lizenzfile ist und wie Ihre Software mit dem Lizenzserver kommuniziert. Das Wichtigste ist die Kenntnis des Verzeichnisses, in dem der oder die Lizenzfiles erwartet werden, und was man in Lizenzfiles gefahrlos editieren darf und was nicht. Das Implementieren der Lizenzfiles sollte man toolunterstützt anbieten, aber trotzdem noch einmal dokumentieren.

*Überschreiten der Lizenzgrenzen*

Für Überschreitungen der Lizenzgrenzen und für Fehlerfälle braucht der Anwender eine klare Vorgehensweise. Entweder muss er weitere Lizenzen nachbestellen und anschließend den neuen Lizenzfile korrekt platzieren können, oder er muss für den Fehlerfall einige grundsätzliche Dinge über die Funktionsweise des Lizenzservers verstehen, zum Beispiel wie man ihn startet und anhält.

*Benutzerhandbuch und Kundenschulung*

Ein „Benutzerhandbuch Lizenzierung" ist also notwendig und angebracht. Die Hersteller von Lizenzierungstools bieten hier oft Handbücher an, die fast eins zu eins übernommen werden können. Eine Kundenschulung wäre allerdings in den meisten Fällen übertrieben. Eher müssen die eigenen Servicetechniker geschult werden, wenn Sie Ihre Software von eigenen Mitarbeitern installieren lassen, in jedem Fall aber Ihre Hotline.

# 9 Der Lizenzgenerator

## 9.1 Grundsätzliche Aufgaben

*Lizenztool = zwei Softwarepakete*

Mit dem Erwerb eines Softwarepaketes zur Elektronischen Lizenzierung erwerben Sie in der Regel zwei unterschiedliche Programme – eines zum Lizenzhandling Ihrer Applikationen einschließlich Lizenzserver und API, das andere zum Generieren und Verwalten der erteilten Lizenzen. Um sprachliche Verwechslungsmöglichkeiten zu vermeiden, wollen wir das letztere den Lizenzgenerator nennen.

*Funktionsumfang des Lizenzgenerators*

Der Lizenzgenerator hat ein paar einfache Aufgaben. Zuallererst soll er mittels eines entsprechend ausgelegten User-Interface das Generieren von Lizenzfiles erleichtern und diese Vorgänge protokollieren. In der Regel kann ein solcher Lizenzgenerator aber noch mehr. Die folgenden Funktionen dürfen Sie vom Generator erwarten:

- Erzeugen einzelner Lizenzfiles
- Zusammenfassen mehrer Lizenzfiles zu einem einzigen File
- Automatisches Versenden von Files per Email
- Statusanzeige einer Lizenz (bestellt, generiert, versandt, ausgetauscht, über Webinterface generiert)
- Voll funktionsfähiges Webinterface für Generierung und Download von Lizenzfiles
- Softwarebausteine zum Erstellen eines individuellen Webinterface
- Übersicht aller bestellbaren Produkte und Versionen
- Historie aller Lizenzgenerierungen
- Rückgabe von Lizenzen
- Reports über Kunden, bestellte Produkte und Versionen
- Generieren von Lizenzpools für Drittauslieferer

- Automatischer Lizenz-Update durch Massenaussendung neuer Lizenzfiles
- Schnittstellen für Support und Fehlerbehebung (cases)
- Benutzerverwaltung mit fein abgestuften Lese- und Schreibrechten für unterschiedliche Benutzerkreise
- Import für Orderdaten aus ERP-Systemen[1] (z.B. SAP R/3)

*Abb. 10: Der Lizenzgenerator*

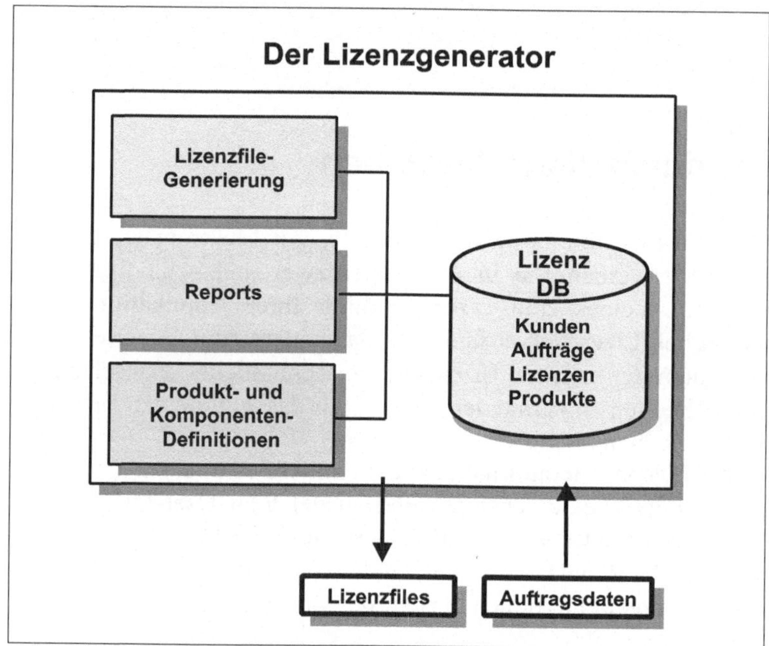


*Zentrale Bedeutung des Lizenzgenerators*

Dem Lizenzgenerator kommt eine zentrale Bedeutung im Lizenzierungsprozess zu, da nicht nur die Entwicklung damit anfänglich arbeiten wird, sondern Softwareversand, Auftragsabwicklung, Technik und Support sowie das Produktmarketing.

*Mehr Kundeninformationen mit Lizenzierung*

Ohne eine elektronische Lizenzierung ist Ihrem Produktmarketing oder der Unternehmensleitung bisweilen gar nicht im Detail bekannt, wie viele Kunden Sie tatsächlich haben und welche Softwareversionen diese bestellt haben. Schließlich zeigt ja Ihr Bestreben, den Umsatz durch Lizenzierung zu steigern, dass Sie vorher durch den nicht vorhandenen Kopierschutz eine Reihe von „Kunden" hatten, die Ihnen absolut unbekannt waren.

[1] ERP = Enterprise Resource Planning

Abgesehen vom erreichten Kopierschutz wird jetzt aber auch Ihr Produktmarketing in die Lage versetzt, neue Marketingstrategien zu entwickeln, aufbauend auf den Reports, die der Lizenzgenerator zur Verfügung stellt. Dadurch kann das Produktmarketing jetzt gezielt definierten Kunden neue Produkte oder Leistungsmerkmale anbieten, denn ab dem Zeitpunkt der Lizenzierung ist genau bekannt, welcher Kunde welche Software-Funktionen zu welchem Zeitpunkt bestellt hat.

*Neue Marketingstrategien*

Da dem Lizenzgenerator solch eine zentrale Rolle zukommt, wollen wir uns mit seinen Möglichkeiten etwas mehr beschäftigen.

## 9.2 Einzelne Funktionen des Lizenzgenerators

### 9.2.1 Erzeugen einzelner Lizenzfiles

Der wichtigste Baustein in der elektronischen Lizenzierung und das Verbindungsstück zwischen Lizenzgenerator und lizenziertem Programm ist der Lizenzfile. Im Lizenzfile sind verschlüsselte Informationen abgelegt, die den Kunden berechtigen, das von ihm gekaufte Programm in festgelegter Weise zu nutzen.

*Lizenzfile wichtigster Baustein der Lizenzierung*

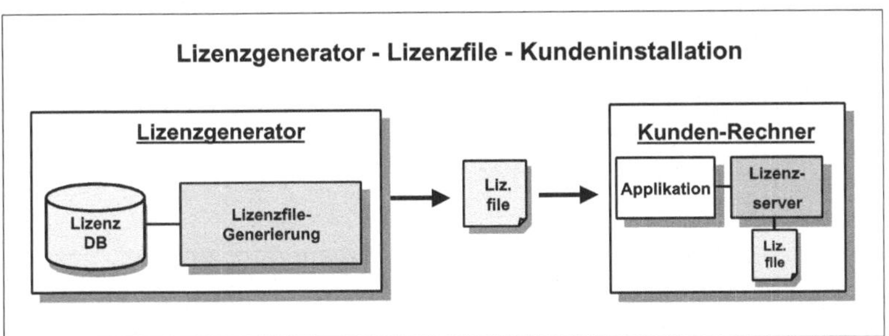


*Abb. 11: Kundeninstallation, Lizenzfile, Lizenzgenerator*

Ein Lizenzfile enthält mindestens die Informationen über Name und Version der lizenzierten Applikation und/oder den Kundennamen, Zeitlimitierungen und Hardware-Informationen. Die genauen Inhalte hängen selbstverständlich vom gewählten Lizenzmodell ab (siehe hierzu Kap. 5: „Das Lizenzmodell – Kernstück der Lizenzierung“).

*Inhalte des Lizenzfiles*

Außer diesen „Kerninformationen“, die zum Teil verschlüsselt vorliegen und zusätzlich mit einer Checksumme versehen sind, können optional auch Klartextinformationen im Lizenzfile enthalten sein, die entweder etwas über den Lieferanten aussagen oder dem Kunden Hilfestellung zur Installation geben.

*Typischer Lizenzfile*

Im folgenden werden drei typische Beispiele für Lizenzfiles unterschiedlicher Hersteller gezeigt. Die Schlüssellänge ist in der Regel konfigurierbar:

**Beispiel 1[1]:**

*Lizenzfile Beispiel 1*

```
This license was issued by MYCOMPANY
SERVER fx105307 00300508e750
VENDOR mycompany
USE_SERVER
FEATURE F1 mycompany 8.1 31-mar-2003 1
      START=06-jan-2003 SIGN="00AE 2F41 CD93
      162B 7DF6 BE76 9701 6C00 3C5A 965B B70C
      1B01 AA18 A62B 5AA1"
FEATURE F2 mycompany 8.1 31-mar-2003 400
      SN=0001494 START=06-jan-2003 SIGN="0012
      94E4 6B9A 3AE2 F5C3 FA9F FDA7 9500 5F36
      230D BC89 35AA 82C6 B131 F69B"
FEATURE F3 mycompany 8.1 31-mar-2003 20
      SN=0001494 START=06-jan-2003 SIGN="004D
      8B59 A25E 0047 6860 47AE 48AA AE00 64B2
      95D9 05ED 580C C23E 498F 2DFD"
FEATURE F4 mycompany 8.1 31-mar-2003 30
      SN=0001494 START=06-jan-2003 SIGN="003D
      BE60 8EE8 94D5 BDDC 7CF5 13CF B900 8B38
      E251 0EE1 9FF9 1781 62D1 4940"
```

Ein solcher Lizenzfile wird vom Lizenzgenerator erzeugt, gespeichert, auf Wunsch per Email dem Kunden zugesandt oder per Webinterface direkt vom Kunden oder Ihren Support-Mitarbeitern abgeholt.

*Bedeutung einzelner Zeilen*

Die SERVER-Zeile bezeichnet Rechnername und Hostid, die VENDOR-Zeile den Lizenzserver, den Sie mitausliefern, bzw. einen Teilprozess desselben, die FEATURE-Zeilen beschreiben das Produkt, die Version, das Auslaufdatum der Lizenz und die Anzahl von gekauften Lizenzen. Die Lizenzen sind zeitlich mit Start- und Ende-Datum limitiert.

---

[1] Beispiel der Lizenzierungssoftware FlexLM von Macrovision

**Beispiel 2**[1]**:**

*Lizenzfile Beispiel 2*

```
ULSBVSZPP5WOL5TEGL42VLZMCKZHGJ7CKBQL5UA5#
"DOTS" version "1.0", expires Midnight of Nov
1, 2005, exclusive
```

Auch in diesem Beispiel ist das zu lizenzierende Leistungsmerkmal bzw. Produkt zu erkennen, die Version und das Ablaufdatum der Lizenz.

**Beispiel 3**[2]**:**

*Lizenzfile Beispiel 3*

```
[Trial]
Days=100
Executions=0
ExecutionTime=5000
Expiry=15:2:4:2003:23:59:59:0
[Communication]
OfferID=3
Communica-
      tionKey=30819f300d06092a864886f70d010101
      050003818d0030818902818100cad6253360a4e0
      7f6db29adf167862c03f91a41436566e83aaa05c
      221ebd57454e86a97f5038656601e0b91923d2e3
      666c175d83b
ActivationKey=EY1YTTRDDH6LWQMRKM1GITXVDF
ServerURL=http://www.portablestore.com:80/
      csadmin
ActivationServerURL=http://www.porta-
      blestore.com:80/paclient
SecurityID=3

[Header]
Version=1.0.0
```

Bei diesem Lizenzfile handelt es sich um eine Demo-Lizenz mit festgelegtem Ablaufdatum.

*Verschlüsselung*

Lizenzfiles sind natürlich mit den gleichen Schlüsseln codiert, die auch der beim Kunden installierte Lizenzserver (siehe Kap. 2.1:

---

[1] Beispiel der Lizenzierungssoftware Sentinel LM von Rainbow Technologies

[2] Beispiel der Lizenzierungssoftware Privilege SCP von Aladdin Knowledge Systems, Inc.

„Was ist Lizenzierung") kennt. Der Lizenzserver beinhaltet einen Prozess, der von Ihrer Entwicklungsabteilung unter der Verwendung eben dieser Schlüssel auf Ihre Firma angepasst ist. Damit ist ein Lizenzfile nur von dem Lizenzserver verwertbar, den Sie an den Kunden mitausliefern. Ihre Applikationssoftware beim Kunden läuft wiederum nur dann, wenn der Lizenzfile auswertbar ist. Also: Applikation, Lizenzfile und Lizenzserver gehören immer zusammen.

## 9.2.2 Zusammenfassen mehrerer Lizenzfiles

*Zusammenfassen in einem File*

Eine Softwarebestellung beinhaltet häufig nicht nur eine einzige Position, sondern mehrere Produkte oder mehrere separat bestellbare Leistungsmerkmale desselben Produktes. Zumindest im letzteren Falle wird die Lizenzierung für den Kunden und auch für Ihren Support übersichtlicher, wenn Sie alle Lizenzierungsinformationen in einer einzigen Datei zusammenfassen. Dies können allerdings nicht alle Lizenzgeneratoren.

*Handhaben von Updates*

Für spätere Bestellungen des Kunden oder für Updates sollten Sie sich überlegen, welche Aufteilung der Lizenzfiles für Sie am leichtesten handhabbar ist. Entweder können Sie den ursprünglichen Lizenzfile verändern und erweitern und dem Kunden zum Austausch für den alten Lizenzfile zur Verfügung stellen, oder Sie definieren Ihre Prozesse so, dass Sie Nachbestellungen und Updates generell über zusätzliche Lizenzfiles abwickeln. Der Lizenzserver beim Kunden kann in der Regel beliebig viele Lizenzfiles einlesen und verwalten.

Auch das Webinterface sollte eine solche Zusammenfassung mehrere Lizenzen in einen einzigen Lizenzfile bewerkstelligen können.

## 9.2.3 Automatischer Versand von Emails

*Email-Versand*

Ein komfortabler Lizenzgenerator kann von Ihnen so konfiguriert werden, dass generierte Lizenzen automatisch an eine voreingestellte Email-Adresse versandt werden. Diese Möglichkeit bietet viele Vorteile und ist im Falle von automatischen Lizenz-Updates nicht zu unterschätzen. Voraussetzung ist natürlich, dass Sie durch die Softwarebestellung auch schon die Email-Adresse des Kunden übermittelt bekommen. Bei sehr traditionellen Unternehmen kann es durchaus vorkommen, dass die verwendeten Bestellformulare noch gar kein Feld für die Email-Adresse vorsehen.

*Webinterface*

Auch das Webinterface kann so gebaut werden, dass ein generierter Lizenzfile entweder per Download dem Kunden zugänglich gemacht wird, oder er wird an eine schon bekannte oder neu mitgeteilte Email-Adresse versandt.

### 9.2.4 Statusanzeige einer Lizenz

*Lizenzstatus*

Ein Lizenzgenerator soll das Verwalten der erteilten Lizenzen leichtmachen. Hierzu sind Übersichten über Kunden oder Produkte selbstverständlich. Pro Auftrag oder Bestellposition ist in der Regel ein Statuskennzeichen sichtbar. Dieser Status ist wichtig, um bei Anfragen oder Problemen den aktuellen Stand des Lizenzierungsvorgangs schnell beurteilen zu können. Auch können Sie so erkennen, ob ein Lizenzfile per Web abgerufen wurde oder nicht. Mögliche Zustände einer Lizenz können sein: bestellt, generiert, versandt, zurückgegeben, ausgetauscht, über Webinterface generiert.

*Lizenzhistorie*

Besonders beim Tausch von Lizenzen ist es besonders wichtig, die Lizenzhistorie des Kunden zu kennen. Ein solcher Tausch ist zum Beispiel dann notwendig, wenn beim Kunden ausgerechnet die Hardware ausgefallen ist, an die die Lizenz gebunden war. Für einen solchen Fall gibt es mehr oder weniger komplexe Verfahrensweisen, um die alte Lizenz ungültig zu machen und eine neue auszustellen. Einige Software-Lieferanten wollen ganz sichergehen, dass die alte Lizenz nicht weiter genutzt wird, nehmen dafür aber ein kompliziertes Handling in Kauf, um mittels mehrfach hin- und hergesandter Codes sicherzustellen, dass die alte Lizenz nicht mehr funktionsfähig ist.

*Begrenzen der Anzahl Ersatzlizenzen*

Will man es etwas einfacher haben, kann man auch die Neuausstellung einer Lizenz pro Bestellung auf eine bestimmte Anzahl pro Jahr begrenzen, so dass bei „verdächtigen" Kunden, die den Mechanismus des Lizenztausches missbrauchen, eine Warnmeldung ausgegeben wird.

### 9.2.5 Webinterface für Lizenz-Download

*Software- und Lizenzfile-Download*

Ein Webinterface ist heute ein selbstverständlicher Bestandteil eines Software-Lizenzierungspakets. Dies hat mehrere Gründe. Zum einen gehen immer mehr Software-Hersteller und Lieferanten dazu über, die Software nicht mehr auf CD auszuliefern, sondern per Download im dem Web zur Verfügung zu stellen. Ist die Software elektronisch lizenziert, wird zusätzlich zum Download ein Web-Dialog angeboten, um den benötigten Lizenzcode oder einen Lizenzfile herunterzuladen.

*Geringer Verwaltungsaufwand*

Wenn Sie als Softwarehersteller oder -lieferant noch nicht dazu übergegangen sind, Ihre Software per Web zu distribuieren oder zur Verfügung zu stellen, haben Sie zumindest im Rahmen der Lizenzierung die Aufgabe zu bewältigen, den Lizenzfile an den Kunden zu bringen – mit möglichst wenig administrativem Aufwand für Sie und mit möglichst selbsterklärenden Maßnahmen für den Kunden.

*Arbeitsverlagerung zum Kunden*

Um nicht für jeden Kunden einen manuellen Vorgang auf Ihrer Seite anstoßen zu müssen, der auch noch mehrere Schritte umfasst, kann ein gutes Webinterface Ihnen fast alle Arbeit abnehmen, und Sie haben die Arbeitsschritte zum Kunden verlagert. Der Kunde loggt sich mit einer speziellen Zugangsberechtigung in Ihre Webseiten ein, gibt seine Hardware-Information bekannt (in der Regel wird die Lizenz an die Hardware gebunden, zum Beispiel die MAC-Adresse) und lässt auf Mausklick automatisch seine Lizenz generieren. Diese kann er dann als Datei herunterladen oder er wählt die Option, dass ihm die Datei per Email zugesandt wird. Diese Option kann dann sehr sinnvoll sein, wenn nicht der Kunde selbst die Lizenz generiert, sondern Service-Personal, das in diesem Fall die passende Email-Adresse des Kunden angeben kann.

Siehe auch den nächsten Abschnitt und Kapitel 10: „Das Webinterface“.

### 9.2.6 Bausteine für das individuelle Webinterface

*Genügt ein vorgefertigtes Webinterface?*

Das im vorhergehenden Abschnitt beschriebene Webinterface wird in den seltensten Fällen in einer vorgefertigten Form Ihren Ansprüchen genügen. Ein fertiger Dialog kann nur eine allgemein übliche Vorgehensweise berücksichtigen, nicht aber Ihre firmeneigenen

Spezialitäten bei der Softwareauslieferung, Installation und Kundenbetreuung.

*Software-Bausteine*

Aus diesem Grunde ist darauf zu achten, dass der Hersteller des Lizenzierungstools Ihnen auch Software-Bausteine zur Verfügung stellt, um Sie selbst in die Lage zu versetzen, ein vollständig auf Ihre Bedürfnisse angepasstes Webinterface zu bauen. Falls solche Software-Bausteine nicht zur Verfügung stehen, sollte das ausgelieferte Webinterface zumindest anpassbar und mit entsprechend aussagekräftiger Dokumentation versehen sein. Siehe auch Kapitel 10: „Das Webinterface".

## 9.2.7 Übersichten und Reports

*Report-Varianten*

Vom grafischen Userinterface (GUI) des Lizenzgenerators dürfen Sie eine Vielzahl von Übersichts-Funktionen erwarten. Zu diesen zählen zum Beispiel:

- Übersicht über alle Kunden und Lizenzen
- Übersicht aller bestellbaren Produkte und Versionen
- Historie aller Lizenzgenerierungen
- Lizenzstatus aller erzeugten oder vorbereiteten Lizenzen
- Reports über Kunden, bestellte Produkte und Versionen

*Report-Generator*

Oft reichen die diversen Bildschirmübersichten nicht aus, um alle gewünschten Informationen darzustellen. Aus diesem Grunde ist im günstigen Fall ein Reportgenerator eingebaut. Mit einem solchen Generator können Sie beliebige Felder der Lizenzdatenbank zu individuell erstellten Reports zusammenziehen. So können Sie auf die Bedürfnisse von Marketing, Vertrieb und Logistik abgestimmte Reports erstellen.

*Report-Beispiele*

Fragen Sie den Lizenztool-Hersteller, ob er Beispiele und Anleitungen zur Reportgenerierung mitliefert. Es kann nämlich vorkommen, dass nicht nur eine eigene Reportsprache verwendet wird, sondern dass die Reporterstellung über das GUI nicht gerade einfach zu bewerkstelligen ist, oder dass dies überhaupt nicht funktioniert. Um so wichtiger ist eine exzellente Dokumentation.

### 9.2.8 Automatische Lizenz-Updates

*Automatische Updates über Email*

Automatische Lizenz-Updates können für einige Firmen sehr interessant sein. Besonders dann, wenn Sie Ihre Software über das Internet distribuieren oder viele Ihrer Kunden gleichzeitig mit einer neuen Softwareversion beliefern, haben Sie mit automatischen Updates die Möglichkeit, alle Kunden ‚mit einem Schlag' auf den neuesten Stand zu bringen.

Dieses Verfahren setzt natürlich voraus, dass Sie von allen Kunden eine relevante Email-Adresse gespeichert haben.

### 9.2.9 Generieren von Lizenzpools für Drittauslieferer

*Lizenzpool oder Kaskadierung*

Immer dann, wenn Sie Ihre Software nicht direkt, sondern über Fremdfirmen bzw. Drittauslieferer vertreiben, ist ein tragfähiges Lizenzgenerierungs-Konzept erforderlich. Entweder lassen sich mehrere Generatoren hierarchisch kaskadieren, so dass die Distributoren zwar selbständig Lizenzen vergeben können, aber die Lizenzinformationen ungefiltert zu Ihnen zurückfließen. Die Masterlizenzdatenbank ist also weiterhin bei Ihnen angesiedelt. Oder die Lizenzierungssoftware sieht vor, dass Sie einen bestimmten Pool von Lizenzen an Distributoren vergeben können, die dann in eigener Regie Lizenzen vergeben und verwalten.

### 9.2.10 Rückgabe von Lizenzen

*Rückgabe bei Hardwareausfall*

Ein Lizenzierungsprozess, der vergebene Lizenzen an die Hardware des Kunden bindet (node locked), muss Situationen einkalkulieren, in denen genau die Hardware ausfällt, deren Kennung in die verschlüsselte Lizenz eingeflossen ist. Mit anderen Worten: wird diese Hardware ersetzt, dann ist die alte Lizenz nicht mehr gültig, und eine neue muss generiert werden.

*Ungültigkeit der alten Lizenz*

Mit einer solchen Situation kann man auf verschiedene Weise umgehen. Zum einen sollte man durch softwaretechnische oder organisatorische Mittel sicherstellen, dass die alte Lizenz nicht weiter verwendet wird (Sie wissen nicht, ob die alte Hardware wirklich nicht mehr funktioniert…). Zum anderen muss die Software des Lizenzgenerators dafür ausgelegt sein, dass eine alte Lizenz zurückgegeben oder unbrauchbar gemacht werden kann und dass eine neue Lizenz zur Verfügung gestellt wird. Auch diesen Vorgang kann man über ein Webinterface anbieten.

*Begrenzen der Anzahl zurückgegebener Lizenzen*

Um den Kunden nicht zu ermutigen, einen solchen Hardwaretausch mehrere Male im Jahr vorzunehmen, um auf diese Weise zu kostenlosen Lizenzen zu kommen, muss im Lizenzgenerator die Möglichkeit vorgesehen sein, die maximale Anzahl von zurückgegebenen Lizenzen zu begrenzen, zum Beispiel auf nur eine Rückgabe pro Jahr.

## 9.2.11 Schnittstellen für Support und Fehlerbehebung

*Verwaltung von Support-Aktivitäten*

Eine Lizenzdatenbank stellt durch die in ihr enthaltene Kundenbasis eine ausgesprochen nützliche Grundlage für die Verwaltung von Supportaktivitäten und die Verwaltung von Fehlerfällen („Cases") dar. Einige Lizenzgeneratoren bieten hierfür ein fertiges Userinterface an. Bei Verwendung einer Standard-Datenbank sollte es auch möglich sein, eine bereits vorhandene Support-Datenbank an die Lizenzdatenbank zu koppeln. Eine solche Koppelung oder Integration wäre wünschenswert, denn sonst werden Kundendaten an zu vielen Orten parallel gehalten: Auftragsabwicklungssystem, Lizenzgenerator und Support-Datenbank.

## 9.2.12 Benutzerverwaltung

*Viele Abteilungen brauchen Zugriff*

Ein Lizenzgenerator ist unbedingt gegen unberechtigten Zugriff zu schützen. Auf der anderen Seite haben viele Abteilungen in einem Unternehmen Interesse am Zugang zu diesen Daten, um zum Beispiel spezielle Reports zu fahren oder um Fehler-‚Cases' zu bearbeiten, die im Zusammenhang mit einer Kundeninstallation stehen. Aus diesen Gründen benötigen Sie eine fein abgestufte Berechtigungsvergabe mit individuellen Lese- und Schreibrechten.

*Strenge Reglementierung der Generierung*

Eine Generierung von Lizenzen sollte auf jeden Fall nur wenigen Mitarbeitern im Unternehmen gestattet sein, auch wenn die Lizenzvergabe von verschiedenen Abteilungen für deren eigene Produkte erfolgen sollte. Praktischer, sicherer und kostengünstiger ist eine zentrale Lizenzvergabestelle.

*Zugriffsschutz für Schlüssel*

Die gleiche Sorgfalt wie beim Zugang zum Lizenzgenerator sollten Sie übrigens auch bei der Zugangsberechtigung zu den „encryption seeds“ walten lassen. Diese „encryption seeds“ dienen dem Verschlüsseln der Lizenzfiles, die Sie an Ihre Kunden ausgeben, und dem Entschlüsseln durch Ihre Applikationen. Sind diese „encryption seeds“ erst einmal bekannt geworden, kann jeder Ihre Lizenzierung unterlaufen.

### 9.2.13 Import für Auftragsdaten aus ERP-Systemen[1]

*Lizenzgenerator keine alleinstehende Anwendung*

Ein Lizenzgenerator sollte im Sinne der Unternehmens-Logistik keine alleinstehende Anwendung sein. Da der Generator als Basisdaten Kunden und Aufträge verwendet, um daraus seine Lizenzfiles zu generieren, sollten diese Daten möglichst nicht manuell eingegeben werden.

*Export aus ERP-System*

Ihr Unternehmen verwaltet diese Daten an anderer Stelle, in der Regel in einem ERP-System, wie zum Beispiel SAP R/3. Diese Daten können aus dem SAP-System exportiert und in die Datenbank des Lizenzgenerators importiert werden. Hierzu bieten einige Lizenzierungstools mehr oder weniger komfortable Import-Mechanismen an. Unter Umständen bleibt es Ihnen also erspart, eigene Importprogramme zu schreiben. (Siehe auch Kap. 11: „Integration mit ERP-Systemen“.)

---

[1] ERP = Enterprise Resource Planning

# 10 Das Webinterface

## 10.1 Aufgaben des Webinterface

*Webinterface als entscheidender Faktor*

Für den Lizenzierungsprozess ist das Webinterface ein entscheidender Faktor. Es erleichtert Ihrem Unternehmen die Lizenzerstellungen und erhöht beim Kunden die Akzeptanz für die nunmehr lizenzierte Software.

*Basisfunktionen des Webinterface*

Ein Webinterface zur Nutzung für den Kunden kann mehrere Lizenzierungsvorgänge unterstützen:

- Abruf von Lizenzfiles (ELD)[1]
- Software-Download (ESD)[2]
- Lizenztausch bei Hardwareausfällen

*Übermittlung der Hardwareinfo und Download der Lizenz*

In den meisten Fällen wird die Lizenzierung Ihrer Produkte an eine Hardware-Kennung des Kunden gebunden sein. Diese Kennung steht in der Regel erst bei oder nach der Installation der Software zur Verfügung. (siehe auch Kap. 8.1: „Auslieferungs- und Installationsvarianten"). Somit gibt es beim Installieren der Software immer einen zweiten Schritt: Die Auslieferung oder der Download des für diesen Kunden gültigen Lizenzfiles mit nachfolgender Implementation dieses Files. Dabei sind die Schritte der Reihe nach:

*Bedienreihenfolge des Webinterface*

- Auslesen der Hardware-Information beim Kunden
- Übermittlung der Hardware-Information an Sie als Softwarelieferanten oder an den Distributor
- Generierung der Lizenz
- Übermittlung des Lizenzfiles an den Kunden
- Implementieren des Lizenzfiles.

---

[1] Electronic License Distribution

[2] Electronic Software Distribution

*Alternativen*

Diese Schritte lassen sich grundsätzlich per Email in Kombination mit manueller Lizenzerstellung lösen oder komfortabler mit einem Webinterface. Dabei nimmt Ihnen das Webinterface die Schritte 2 bis 4 ab, Schritte 1 und 5 werden durch Tools unterstützt, die mit der Applikation selbst ausgeliefert werden (siehe auch Kap. 8: „Installation beim Kunden").

*Konfektioniertes Webinterface oder Module*

Da das Webinterface entscheidend dazu beiträgt, die Lizenzierung zu vereinfachen, die Akzeptanz in Ihrem Unternehmen für die Lizenzierung zu erhöhen und dem Kunden die Installation Ihres Produktes zu vereinfachen, sollten Sie bei der Auswahl des Lizenzierungstools darauf achten, dass auf jeden Fall ein Webinterface mitgeliefert wird. Dies kann schon fertig konfektioniert sein zum sofortigen Gebrauch, es können aber auch Module sein, die Sie noch anpassen müssen. Einer der Hersteller bietet Ihnen sogar beides an.

*Anpassung auf Unternehmensprozesse*

Ein fertiges Webinterface bringt den großen Vorteil, dass Sie sofort ohne irgendwelche Entwicklungsaufwände den Komfort der Lizenzabfrage über das Web nutzen können. Werden zusätzlich noch Module zur eigenen Anpassung mitgeliefert, ist dieses um so besser. Dies dient einem möglichen zweiten Schritt, in dem Sie das Webinterface so gestalten, dass es auf Ihre Unternehmensprozesse optimal abgestimmt ist.

*Abb. 12. Webserver mit Firewall*

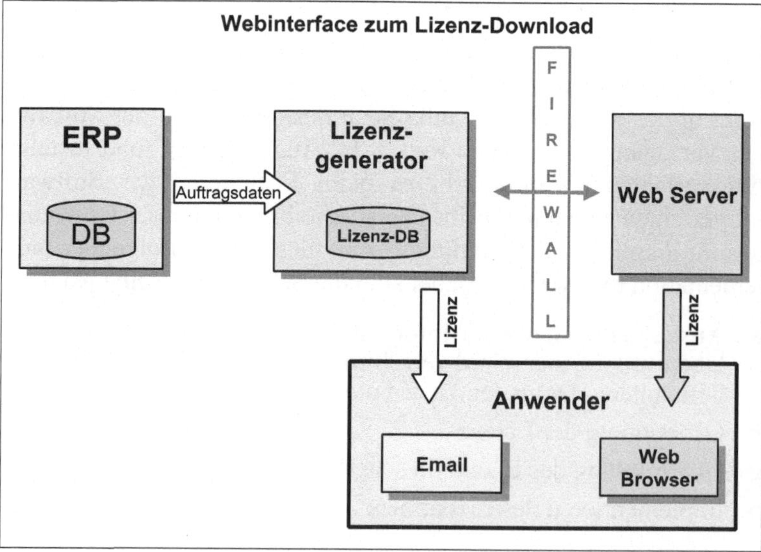

Einige Webserver bringen ihre eigene kleine Datenbank mit, die die Datenbank des Lizenzgenerators spiegelt. Bei dieser Architektur werden nur die notwendigsten Tabellen auf dem Webserver gehalten. Andere Produkte bzw. neuere Versionen verzichten auf diese Datenspiegelung und verwalten die Daten ausschließlich im Lizenzgenerator. Da der Webserver in der Regel außerhalb der Firewall platziert wird, ist in letzterem Fall auch eine größere Datensicherheit gegeben.

*Datensicherheit und Firewall*

## 10.2 Zugangscodes

*Generieren eines Zugangscodes*

Da Sie den Zugang zu Ihrem Webserver nach außen, also zum Internet hin, öffnen, brauchen Sie für Ihre Kunden einen Zugangscode, der das Einloggen nur berechtigten Benutzern gestattet. Dies kann der Kunde selbst sein oder Ihr Servicepersonal. Hier kommen entweder die übliche Kombination von User-Id und Passwort in Frage oder andere Schlüssel. Einige Toolhersteller generieren für eine im Lizenzgenerator erfasste Bestellung automatisch einen (LAC) License Access Code, der den Kunden berechtigt, sich über das Web einzuloggen.

*Nutzen bekannter Informationen als Zugangscode*

Alle Arten von Zugangscodes bringen ein kleines Problem mit sich: Sie müssen dem Kunden übermittelt werden. Tun Sie dieses bei der Softwareauslieferung, dann ist diese nicht mehr universell für alle Kunden gleich, sondern kundenspezifisch. Sie erzeugen Aufkleber mit diesem Code oder schreiben ihn auf einen zusätzlich mit ausgelieferten Datenträger. Dies erhöht den Aufwand und die Kosten. Wollen Sie diese Kosten vermeiden, kommen eventuell Lösungen in Frage, bei denen Sie Kundennummer, Auftragsnummer oder Rechnungsnummer als Benutzerkennung für das Webinterface verwenden. Diese Angaben sind in der Regel Außenstehenden nicht bekannt.

*Elemente eines Zugangscode*

**Der Tip:**
*Verwenden Sie eine beliebige Kombination aus Kundennummer, Auftragsnummer oder Rechnungsnummer als Anmeldeberechtigung für Ihr Webinterface.*

*Erhöhte Sicherheit*

Sollte Ihnen eine erhöhte Sicherheit beim Webzugang wichtiger sein als die Kostenersparnis, müssen Sie auf generierte Schlüssel und Passwörter zurückgreifen mit allen erwähnten Nachteilen.

## 10.3 Download des Lizenzfiles

*Funktionen des Webinterface*

Nach der Anmeldung mit entsprechender Zugangsberechtigung sollte das Webinterface mehrere Vorgänge zulassen:

- Ansehen der Bestellpositionen
- Auswahl bestimmter Positionen
- Eingabe der eigenen Hardware-Informationen
- Generierung von Lizenzen
- Ansicht von generierten Lizenzen
- Rückgabe von Lizenzen
- Download der Lizenzen

*Download-Vorgang*

Ein typischer Verlauf einer Benutzersitzung wird folgendermaßen aussehen: Nach der Anmeldung werden automatisch die aktuellen Bestellpositionen angezeigt. In der Regel werden alle Positionen selektiert, dann erfolgt die Auswahl „Generieren". Es erscheint ein Bild mit Eingabefeldern für die Hardware-Information. Diese wird man sich aus einer bereitgehaltenen Datei herauskopieren. Nach Bestätigung dieser Angaben erscheint die generierte Lizenzdatei auf dem Bildschirm, die per Download in eine temporäre Datei kopiert wird. Ein Tool der lizenzierten Applikation holt diese Datei ab, kopiert sie in das korrekte Verzeichnis und veranlasst den Lizenzserver, diesen Lizenzfile einzulesen. Der Vorgang ist beendet.

Sehen wir uns das Ganze noch einmal als Grafik an:

*Abb. 13: Download des Lizenzfiles*

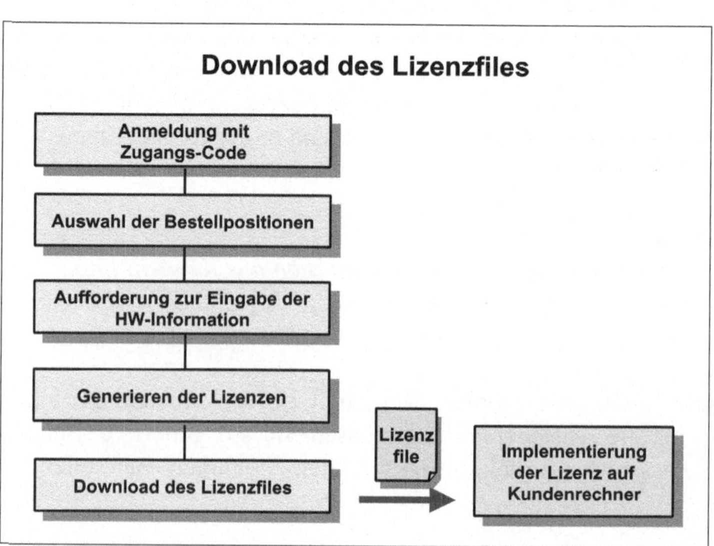

## 10.4 Rückgabe von Lizenzen

*Initiieren der Rückgabe*

Möchte der Anwender wegen ausgefallener Hardware alte Lizenzen zurückgeben und neue anfordern, ist ein entsprechender Menüzweig aufzurufen. Ein gängiges Verfahren besteht darin, dass zuerst die zurückzugebende Lizenz ausgewählt wird. Danach wird die Rückgabeoption angewählt. Es wird daraufhin eine Email-Adresse abgefragt, an die ein besonderer Zugangscode für die Generierung und den Download der neuen Lizenz gesandt werden soll.

*Download der neuen Lizenz*

Sobald dieser Anmeldecode für die Rückgabe und Neuerstellung eines Lizenzfiles per Email mitgeteilt ist, kann sich der Benutzer damit neu anmelden und wie oben geschildert seine neue Lizenz generieren.

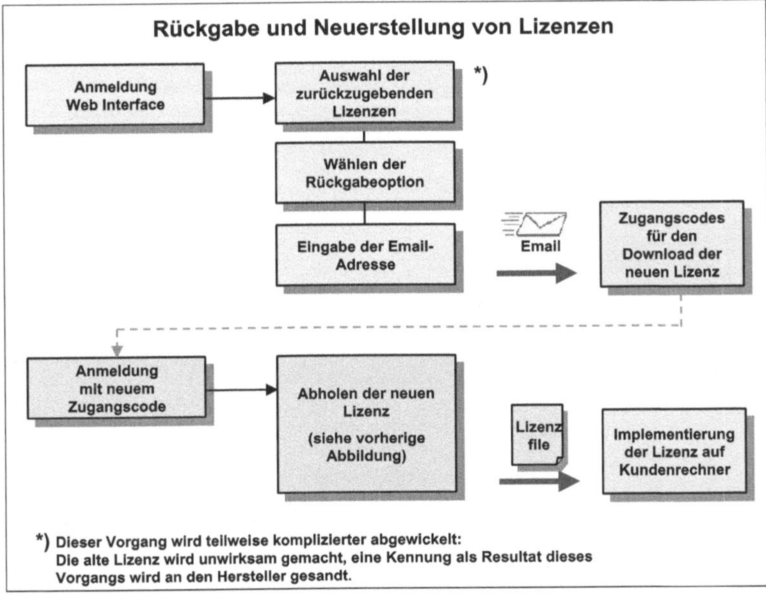


*Abb. 14: Rückgabe und Neuerstellung von Lizenzen*

## 10.5 Prozeßabläufe ohne Webinterface

*Nutzen anderer Medien*

Bei Verzicht auf ein Webinterface zum Download der Lizenzfiles müssen Sie mit einigen Nachteilen für sich selbst und den Kunden rechnen. Aber selbstverständlich können Sie Ihre Lizenzfiles auch mittels anderer Medien ausliefern.

Zusammen mit der Softwareauslieferung teilen Sie dem Kunden eine Telefonnummer und Email-Adresse mit, an die er sich zu wenden hat, um seine Lizenz zu bekommen. Dorthin liefert er seine Hardware-Information, und per Email oder Fax bekommt er seine Lizenz zurück.

*Nachteile*

Die großen Nachteile bei einer Lösung ohne Webinterface:

- Sie müssen einen Mitarbeiter designieren, der die Lizenzen über das GUI des Lizenzgenerators erstellt und die Lizenzen per Email versendet.
- Am Wochenende oder in den Abendstunden findet der Kunde keinen Ansprechpartner, und er bekommt seinen Lizenzfile unter Umständen mit großer Verzögerung.

Dies verursacht Kosten für Sie und schafft Ärger beim Kunden. Beides sind Argumente dafür, doch besser das Webinterface zu implementieren.

# 11 Integration mit ERP-Systemen

## 11.1 Komplette Integration versus Teilintegration

*Forderung nach Integration*

Die Auftraggeber für ein Lizenzierungsprojekt, also im allgemeinen Management oder Produktmarketing, werden höchstwahrscheinlich vorschlagen, die Lizenzierung vollständig in das bestehende Buchungssystem zu integrieren oder möglichst eng daran zu koppeln.

*Dringende Warnung vor Komplettintegration*

Das Bedürfnis ist verständlich, denn Lizenzierungsdaten umfassen ganz allgemein buchungstechnische Daten wie Kunde, Kundennummer, Auftragsnummer sowie Angaben über die bestellten Produkte, Teilprodukte und Versionen. Da alle diese Daten in Ihrem Buchungssystem, z.B. SAP R/3, enthalten sind, liegt es natürlich nahe, die Lizenzierung voll in das bestehende Buchungssystem zu integrieren, sofern solche Schnittstellen oder Module vorgesehen sind. Hiervor sei am Anfang dringend gewarnt!

*Pilotprojekt hat anderen Schwerpunkt*

Die Lizenzierungseinführung ist für sich genommen ein Projekt, das abteilungsübergreifend mehr Unternehmensbereiche betrifft als sonst irgendein Softwareprojekt. Da die Schwierigkeiten bei der Durchführung, wie schon erwähnt, nicht so sehr in den technischen Details liegen als eher im „Beharrungsvermögen" der Mitarbeiter und der Vielzahl der zu berücksichtigenden Prozesse, können Sie sich freuen, wenn Sie die Lizenzierung innerhalb eines Pilotprojektes zum Erfolg führen, auch ohne komplette ERP-Integration. Zudem brauchen Sie praktische Erfahrungen aus dem Lizenzierungs-Handling, bevor Sie detailliert definieren können, was Sie von einer Totalintegration mit dem Buchungssystem erwarten. Wie aber wäre eine Ankopplung an das ERP-System oder ein anderes Buchungssystem zu realisieren?

## 11.2 Zyklischer Export – die kleine Lösung

*Keine doppelte Datenpflege*

Da Sie natürlich doppelte Datenhaltung im Buchungssystem und im Lizenzgenerator vermeiden wollen, mindestens aber doppelte Datenpflege, empfiehlt sich eine sogenannte kleine Lösung: Sie exportieren automatisch und tagesaktuell die Auftragsdaten aus dem Buchungssystem in die Datenbank des Lizenzgenerators. Das Master- und Datenpflegesystem bleibt dabei weiterhin das Buchungssystem.

*Tabellengesteuerter Export*

Ein solcher Export mit nachfolgendem Import in den Lizenzgenerator ist ohne großen Aufwand dann leicht realisierbar, wenn die Softwarepakete auf Quell- und Zielsystemen bereits solche Zusatzprogramme anbieten. Beim Export sollte man darauf achten, dass die Programmierung parametergesteuert, zum Beispiel durch Tabellen, realisiert wird. Auf diese Weise ist das Exportprogramm unabhängig vom Produkt, und es wird Ihnen leichtfallen, zu einem späteren Zeitpunkt weitere Produkte in den Export einzubinden. Produktnamen und Versionen gehören also nicht in den Quellcode des Exportprogramms.

*Erkennen der zum Export bereiten Datensätze*

Die für den Export in Frage kommenden Aufträge erkennt das Exportprogramm dadurch, dass es den Status der Bestellung abfragt. Für Sie ist interessant zu wissen, wann die Auftragsbearbeitung einer Bestellung einen Status erreicht hat, dass ein Lieferschein erstellt wird oder abgerufen werden kann. Im Falle einer Vorinstallation auf zu liefernden Rechnern kann dies auch ein Montageauftrag an eine Ihrer Abteilungen sein. Im SAP R/3 zum Beispiel gibt es hierfür ein Kennzeichen, das man täglich oder stündlich abfragen kann. Bei gesetztem Kennzeichen ist sichergestellt, dass man es mit einem Auftrag zu tun hat, dessen bestellte Software kurz vor Auslieferung ist. Genau diese Aufträge erkennt das Exportprogramm und bezieht sie in seinen Export ein. Natürlich müssen Sie nach dem Export ein weiteres Kennzeichen setzen, um einen nochmaligen Export zu verhindern.

*Übergabe durch Textdatei und FTP*

Als Übergabemedium für die exportierten Daten dient am einfachsten eine Textdatei, die dann ebenso zyklisch vom Importprogramm und/oder einem zeitgesteuerten Command-Run eingelesen wird. Zum gegenseitigen Rechnerzugriff kann eine FTP-Schnittstelle dienen.

*Eigenes Importprogramm für Abprüfungen*

Gehört zum Lieferumfang des Lizenzgenerators ein fertiges Importprogramm, dann liest der Import die Datei unbearbeitet ein und erstellt eine Logdatei, um das ordnungsgemäße Einfügen der neuen Sätze zu protokollieren. Falls Sie aber spezielle Abprüfungen beim Import durchführen möchten, zum Beispiel auf bereits vorhandene Kunden oder Bestellungen in der Lizenzdatenbank, sind Sie natürlich gezwungen, ein eigenes Importprogramm zu schreiben. Dafür liefern die Hersteller von Lizenztools in der Regel eine Schnittstelle.

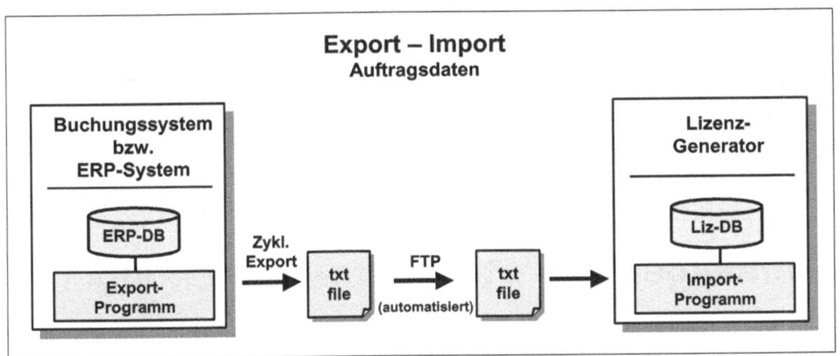


*Abb 15: Export und Import*

*Unterschiedliche Datenmodelle berücksichtigen*

Bei der Definition der zu übertragenden Felder muss sehr viel Sorgfalt aufgewendet werden, denn natürlich sind die Datenmodelle von Quell- und Zieldatenbank verschieden, somit mitunter auch die Feldinhalte sonst gleich- oder ähnlich lautender Felder. Datumsfelder können zum Beispiel vielfältigste Bedeutung haben. Auch kann es sein, dass Ihre Zieldatenbank aus Konsistenzgründen mehr Felder verlangt, als Sie eigentlich exportieren wollten.

*Feldmatrix für Ex- und Import*

Die Vorgehensweise beim Definieren der Felder für Ex- und Import ist sehr einfach: Anhand der Lizenzdatenbank definieren Sie, welche Felder Sie gefüllt haben möchten. Sie listen diese Felder auf – versehen mit einer zusätzlichen Spalte für die inhaltliche Bedeutung dieser Felder. Anhand dieser Aufstellung können Ihnen die Kollegen der IT-seitigen Betreuung der Buchungsdatenbank erläutern, welche der gewünschten Felder vorhanden sind oder welche Felder stattdessen zu verwenden wären. Das Ergebnis wird eine Matrix sein, die für beide Seiten dokumentiert, welche Felder ex- und importiert werden. Danach können Sie die Reihenfolge bzw. das Format des Exportfiles festlegen.

Die Tabelle könnte also folgendermaßen aussehen:

| Feldname der Lizenz-DB | Feld-länge und -typ | Inhaltliche Bedeutung | Feldname der Buchungs-DB | Feld-länge und -typ | Inhaltliche Bedeutung |
|---|---|---|---|---|---|
| | | | | | |
| | | | | | |
| | | | | | |

*Exportzyklen beachten*

Ein solcherart realisierter automatischer Export/Import garantiert Ihnen, dass Sie im Lizenzgenerator immer die neuesten Auftrags- und Kundendaten zur Verfügung haben. Die Exportzyklen hängen in ihrer Länge davon ab, ob Ihnen ein tagesaktueller Stand im Lizenzgenerator ausreicht oder ob Sie bei großem Auftragsvolumen einen stündlichen Update brauchen.

## 11.3 Einmaliger Export früherer Bestellungen

*Startdatum als Parameter*

Bei der Realisierung des Export-Programms sollten Sie auch das Startdatum als Parameter eingeben können. Damit ist das Bestelldatum gemeint, ab dem die Aufträge für den Export erfasst werden sollen. Auf diese Weise können Sie mit demselben Programm auch einen einmaligen Export für alle Aufträge der Vergangenheit durchführen. Zum Beispiel könnten Sie daran interessiert sein, alle Aufträge für ein bestimmtes Produkt seit dem Jahre 1991 zu exportieren.

*Vorteile einer Urladung*

Dies verschafft Ihnen über den täglichen Export der Bestelldaten hinaus einen gewaltigen Vorteil. Sie können anschließend über das GUI oder Reports des Lizenzgenerators ersehen, ob einer aktuellen Softwarebestellung irgendeine Bestellung der Vorversion dieser Software vorausging. Zum anderen könnten Sie auch feststellen, ob durch Einführung der Lizenzierung die Anzahl der Bestellungen für das lizenzierte Produkt sprunghaft ansteigt!

*Wiedereinlesen nach Crash*

Ein weiterer Vorteil ergibt sich dadurch, dass Sie bei einem Crash der Lizenzdatenbank und eventuell unbrauchbarer Sicherung alle Aufträge wieder einlesen können, allerdings dann unter Verlust der Lizenz-Erteilungsdaten.

*Einmalexport zum Testen*

Auch für Anfangstests des Exportprogramms ist ein solcher Einmalexport von Vorteil. Sicher werden Sie mehrere solcher Tests benötigen, bevor der endgültige Exportmechanismus und alle benötigten Felder feststehen.

## 11.4 Produktdefinitionen im Lizenzgenerator

*Produktdefinitionen in der Lizenzdatenbank*

Beim Import der ausgelesenen Bestellungen werden jedem Kunden ein oder mehrere Bestellungen zugeordnet, Bestellungen wiederum enthalten Bestellpositionen, und jede Bestellposition bezieht sich auf ein Produkt oder separat bestellbares Produkt-Leistungsmerkmale. Diese Produkte und ihre bestellbaren Leistungsmerkmale müssen natürlich schon vor dem Import in der Datenbank eingetragen sein. Sind sie das nicht, dann wird das Importprogramm Probleme bekommen, eine Bestellposition dem korrekten Produkt zuzuordnen. Diese Beziehungen zwischen Bestellpositionen und Produktdefinitionen sind natürlich in hohem Masse vom Datenmodell des jeweiligen Lizenztool-Herstellers abhängig.

*Regelwerk im Lizenzgenerator*

Sie müssen sich also schon vor Realisierung des Imports damit auseinandergesetzt haben, wie Sie lizenzieren möchten, wie die Lizenzfiles aussehen sollen, welche lizenzierten Leistungsmerkmale dort im einzelnen auftauchen sollen. Dieses wird über Produktdefinitionen und Regeln im Lizenzgenerator gesteuert. Obwohl die Hersteller von Lizenzierungstools eine Vielzahl von Möglichkeiten anbieten, lizenzierte Leistungsmerkmale zu gruppieren, zu staffeln oder aufzugliedern, empfiehlt sich nach meiner Erfahrung eine direkte Eins-zu-eins-Methode:

**Tip:**
*Ordnen Sie jeder möglichen Verkaufsposition genau eine Produktdefinition zu!*

*Doppelt gehaltene Features in Kauf nehmen*

Auf diese Weise kann das Importprogramm ohne Probleme und automatisch die richtige Verkaufsposition zuordnen. Auch für manuelle Zwecke der Bestellerfassung und Lizenzgenerierung, also dann wenn Sie keinen Import durchgeführt haben, kann Ihnen diese Eins-zu-eins-Zuordnung nur nützen. Natürlich führen Sie dadurch auch doppelt gehaltene Leistungsmerkmale in der Datenbank, wenn bestimmte Features sowohl in einer Grundversion enthalten als auch zusätzlich einzeln bestellbar sind. Dieser kleine Nachteil kann aber gegenüber den immensen Vorteilen im praktischen Betrieb in Kauf genommen werden.

*Beispiel für doppelte Feature-Haltung*

Ein Beispiel: Sie haben ein Produkt P1, das Sie in der Grundversion mit den Funktionen F1 und F2 verkaufen. Funktion F2 lässt sich aber zusätzlich mehrere Male bestellen, denn es handelt sich in diesem Beispiel um Client-Lizenzen, also Lizenzen, die besagen, wie viele Client-PCs die Software im Netz gleichzeitig benutzen dürfen. Es könnte sich auch um irgendwelche anderen mengenmäßigen Begrenzungen handeln, die in der Datenbank enthalten sind.

Sowohl das Produkt P1 als auch die Funktion F2 sind Verkaufspositionen und damit unter irgendeiner Nummer bestellbar, obwohl F2 auch einmal in P1 enthalten ist. Die praktikabelste Lösung wird wie schon oben geschildert darin bestehen, beide Positionen, sowohl P1 als auch F2, als separate Produktdefinitionen in der Datenbank zu führen. Die Produktdefinition P1 enthält dabei zusätzlich auch die Funktion F2 als Komponente. Siehe auch die folgende Abbildung.

**Tip:**
*Alle Leistungsmerkmale, die separat bestellbar sind, sollten auch als separate Produktdefinition geführt werden, selbst wenn sie als Komponente im Basisprodukt bereits enthalten sind.*

*Abb. 16: Zuordnung Bestellpositionen – Produktdefinitionen*

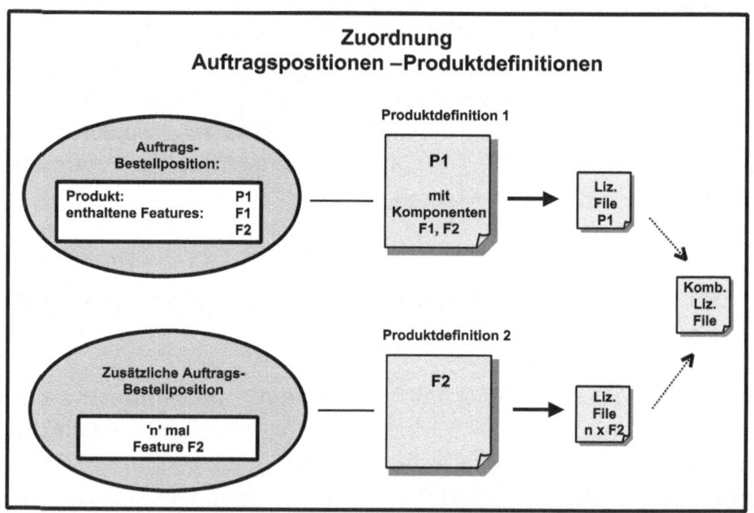


*Übereinstimmung der Satzschlüssel*

Damit die exportierten Bestellpositionen beim Import den Produktdefinitionen des Lizenzgenerators richtig zugeordnet werden können, ist natürlich unabdingbar, dass die aus dem ERP-System ausgelesenen Daten die korrekten Satzschlüssel enthalten, die exakt den Produktdefinitionen in der Lizenzdatenbank entsprechen.

*Eindeutige Nummer als Teil des Schlüssels*

Auch empfiehlt es sich, in den Schlüssel der Produktdefinitionen einen eindeutigen und wenig fehleranfälligen Produktschlüssel aufzunehmen, am besten eine *eindeutige Nummer*, mit der dieses Produkt in Ihrem Unternehmen geführt wird und die sicher auch im ERP-System verwendet wird. Dies ist nicht nur erforderlich für den Import, sondern auch dann sehr nützlich, wenn Sie über das GUI des Lizenzgenerators oder über ein zur Verfügung gestelltes Webinterface Bestellpositionen auswählen oder eventuell eine Bestellung manuell zusammenstellen. Texte können irreführend sein oder sogar doppelt verwendet sein, Nummern aber geben eindeutig das gewünschte Produkt oder Leistungsmerkmal an. Natürlich können und sollten Sie ergänzende Texte anzeigen, denn den wenigsten Mitarbeitern werden die reinen Nummernschlüssel geläufig sein.

## 11.5 Rückmeldungen an die Auftragsbearbeitung

*Forderung nach Rückführung in das ERP-System*

Am Anfang dieses Kapitels sprachen wir über die Forderung, die Lizenzierung voll in das bestehende Auftrags- und Buchungssystem zu integrieren. Sie haben Ihr Management davon überzeugt, dass für den Start der Lizenzierung die oben geschilderte kleine Lösung des Datenexports das Geeignete sei, und Sie haben diese Lösung implementiert. Irgendwann wird man auf Sie zukommen und anfragen, ob man denn nicht die Verarbeitungsergebnisse des Lizenzgenerators wieder in das Buchungssystem einspeisen könne. Auch gäbe es doch viele Nachbestellungen, die sehr schnell abgewickelt werden müssten. In solchen Fällen müsste man doch am Auftragssystem vorbei sofort manuell die entsprechenden Aufträge und Lizenzen im Lizenzgenerator erzeugen und die Auftragsverarbeitung später anschließen.

*Kein konkurrierendes Auftragssystem schaffen*

Wenn Sie sich die Implikationen dieser Forderung genau überlegen, werden Sie feststellen, dass man hier versucht, den Lizenzgenerator zu einem Parallelsystem für Ihr Auftragssystem umzufunktionieren. Hierfür ist ein Lizenzgenerator nicht geeignet. Und sollten Sie sich doch diesen Weg überlegen und Daten aus dem Lizenzgenerator in Ihre Auftragsbearbeitung bzw. das ERP-System exportieren, dann würden diese Daten automatisch wieder exportiert. Auch wenn Sie diese Schwierigkeiten lösen, haben Sie ein konkurrierendes Auftragssystem geschaffen. Und das verursacht früher oder später Probleme.

*E-Shop*

Genau genommen haben Sie es hier mit der Forderung nach einem E-Shop oder einem virtuellen Warehouse zu tun, das es ermöglicht, in kürzester Zeit Bestellungen zu platzieren, um danach sofort die gültigen Lizenzen abrufen zu können. Damit wären Sie auf der richtigen Linie, für die die Lizenzierung den Weg frei macht. Können die Lizenzen elektronisch abgerufen werden, wird man auch bald die Software selbst über Download bekommen wollen. Elektronische Lizenzierung wird Ihnen hierfür völlig neue Vertriebsstrategien eröffnen.

*Auf Rückmeldung verzichten*

**Mein Rat:**
*Verzichten Sie auf eine Rückmeldung an Ihr Auftragssystem, sondern bestehen Sie auf normaler Auftragsbuchung mit anschließendem Export oder geben Sie den Anstoß zur Realisierung einer vollautomatischen Bestellung per E-Shop über das Internet.*

## 11.6 Manuelle Korrekturen – Lizenz vor Bestellung

*Verhalten bei sofortiger Lizenzerfordernis*

Im operativen Betrieb des Lizenzgenerators werden Sie sehr schnell mit Forderungen konfrontiert werden, „mal eben" eine Lizenz zu erstellen, auch wenn der Auftrag noch nicht im Buchungssystem vorliegt und deshalb auch noch nicht in den Lizenzgenerator exportiert wurde (siehe hierzu auch das vorherige Kapitel 1.5: „Rückmeldungen an die Auftragsbearbeitung"). Solche Forderungen könnten sein: „Der Kunde braucht ganz schnell eine Lizenz", „die Software muss sofort zum Laufen kommen, der Kunde ist kritisch", oder „der Vertriebsbeauftragte braucht schnell eine Demo-Lizenz."

*Kein Unterlaufen regulärer Prozesse*

Hier gilt es, eine Strategie zu fahren, die Ihre eigenen Kollegen in Vertrieb und Technik nicht behindert, die aber auch nicht die funktionierenden Mechanismen – Bestellung geht ins Buchungssystem, wird exportiert, und steht zur Lizenzgenerierung zur Verfügung – untergräbt.

*Lösung: Demo-Lizenz*

Für Not- und Sonderfälle gibt es eine einfache Lösung. Sie erzeugen Demo-Lizenzen, manchmal auch TBYB (Try before you buy) genannt, die alle lizenzierten Leistungsmerkmale zur Verfügung stellen und auf allen Maschinen laufen. Diese Lizenzen sind also nicht an irgendeine Hardware gebunden. *Solche Lizenzen sind normalerweise sehr gefährlich,* denn Sie können damit alle Ihre Lizenzierungs-Anstrengungen unterlaufen. Diese Demo-Lizenzen müssen also zeitlich begrenzt sein, am besten auf 4–8 Wochen maximal. Solche Lizenzen erzeugen Sie jeweils zum Monatsanfang und halten sie für Sonderfälle bereit.

**Der Tip:**
*Demo-Lizenzen, alle Features erlaubt, Zeitlimit 4–8 Wochen.*

Wenn eine Bestellung nachträglich korrigiert werden muss, gibt es keinen Grund, dies manuell im Lizenzgenerator zu tun. Der Hinweis „die offizielle Bestellung wird nachgeholt" kann ernstgemeint sein, aber Sie können nie sicher sein, dass die Bestellung tatsächlich später erfasst wird. Also auch in einem solchen Erweiterungsfall für eine bestehende Bestellung spricht nichts dagegen, auf den Durchlauf durch das Buchungssystem zu warten. Sollte der Fall wirklich dringend sein, ist obiger Tip (Demo-Lizenz) auch für diesen Fall anwendbar.

*Auf ordnungsgemäßer Bestellung bestehen*

## 11.7 Verwalten von Fremdprodukten

*Ihr Unternehmen als Zwischenhändler*

Softwarehersteller beliefern ihre Kunden in vielen Fällen nicht nur mit Software-Anwendungen aus eigener Herstellung, sondern verkaufen ihren Kunden Komplettlösungen, die auch Produkte anderer Hersteller enthalten. Hierzu gehören Betriebssysteme und Datenbanken, Reportgeneratoren, Virenscanner und ähnliches mehr. Diese Fremdprodukte – auch „3rd party Produkte" genannt – können mit sehr unterschiedlichen Verfahren lizenziert sein, oder sie sind im Einzelfall nicht lizenziert, sondern Ihr Unternehmen hat eine „Volume-Lizenz" eingekauft. Dies sind Lizenzen über große Stückzahlen, die sozusagen „en-bloc" erworben werden. In einer solchen Situation nimmt Ihr eigenes Unternehmen die Rolle eines Zwischenhändlers (Distributor) ein, der im Zweifelsfalle dem Produkthersteller nachweisen muss, wem er die Produkte weiterverkauft hat.

*Fremdprodukte in der Lizenzdatenbank führen*

Da Sie in der Regel alle Lizenzvorgänge an einer zentralen Stelle abwickeln wollen, kann hier der Wunsch entstehen, auch die Fremdprodukte in der Lizenzdatenbank zu führen. Das hat mehrere Vorteile. Zum einen schaffen Sie sich auf diese Weise die Möglichkeit, alle Lizenzen für bestimmte Kunden in Übersichten zusammenzufassen. So können Sie verfolgen, wann zeitlich begrenzte Lizenzen auslaufen, wie viele Lizenzen Sie überhaupt weitergegeben haben und welche Versionen wo im Einsatz sind. Sie verschaffen sich also Vorteile sowohl gegenüber Ihren Kunden als auch gegenüber dem Softwarehersteller der Fremdprodukte, dem Sie Rechenschaft ablegen müssen.

*Andere Lizenzverfahren möglicherweise integrieren*

Die Situation wird komplizierter, wenn diese Fremdprodukte ein Lizenzierungsverfahren eingebaut haben, das eine Lizenzschlüsselerzeugung durch den Hersteller oder eine weitere Fremdfirma notwendig macht. In Einzelfällen könnten Sie auch über Verhandlungen erreichen, dass Sie die Programme zur Lizenzerzeugung überlassen bekommen. Dies ist dann denkbar, wenn Sie überzeugend darlegen können, dass Sie einen fälschungssicheren Nachweis erbringen können, wann und für wen Sie im Laufe eines Jahres Lizenzen erzeugt haben. In diesem Fall ist zu überlegen, ob Sie die Erzeugung von Fremdlizenzen in die Benutzeroberfläche Ihres eigenen Lizenzgenerators integrieren wollen. Bei einigen Lizenzierungstools ist dieses möglich.

*Minimallösung: Bestandsführung*

Haben Sie keinen Zugriff auf fremde Lizenzierungsverfahren oder werden die Produkte im Einzelfall gar nicht lizenziert, dann bleibt Ihnen auf jeden Fall die Bestandsführung in der Lizenzdatenbank zu Auswertungszwecken.

*Reports auf ERP oder Lizenz-Datenbank aufsetzen*

Generell ist zu klären, ob die Bestandsführung und Lieferhistorie von Fremdprodukten besser in der Lizenzdatenbank oder im Auftragssystem (ERP-System) untergebracht ist. Hier gelten ähnliche Überlegungen wie beim Export Ihrer Auftragsdaten für Eigenprodukte. Auch wenn die Theorie fordert, dass alles im ERP-System integriert und gelöst sein sollte, kann es in der Praxis doch leichter sein, auch die Auftragsdaten für Fremdprodukte zu exportieren und gewünschte Reports direkt aus der Lizenzdatenbank zu erzeugen.

## 11.8 Anbindung von CRM-Systemen

*Datenpool des CRM-Systems*

CRM-Systeme[1] dienen der Unterstützung des Vertriebs in seinen Kundenkontakten, können aber auch für Supportzwecke und Marketingaktionen ausgesprochen nützlich sein. Ein CRM-System hat entweder einen eigenen gepflegten Datenbestand oder importiert relevante Daten aus anderen Datenbeständen, die im Unternehmen zugänglich sind. Hierzu gehören die Datenbanken des ERP-Systems, des Supports und weiterer Systeme. Oft setzen sich die Daten aus eigenen und importierten Daten zusammen.

---

[1] CRM = Customer Relationship Management („Verwaltung der Kunden-Beziehungen")

Auch die Lizenzdatenbank ist eine sinnvolle Datenquelle für das CRM-System. Anstatt also Reports direkt auf die ERP-Datenbank aufzusetzen, um zum Beispiel eine Übersicht darüber zu bekommen, welche Kunden welche Softwareversionen im Einsatz haben, könnte man auch den Ansatz verfolgen, im CRM-System die Daten aus der Lizenzdatenbank auszulesen und dann aufzubereiten. Welcher Weg der für Sie günstigere ist, hängt von mehreren Faktoren ab:

*CRM als Reportgenerator*

- Welches System bietet Ihnen fertige Reports?
- Wie leicht erstellen Sie neue Reports im CRM-System und auf dem Lizenzgenerator?
- Welche Kapazität benötigen Sie, um das Einlesen in das CRM-System zu realisieren?
- Genügen Ihnen die Informationen in der Lizenzdatenbank oder liefert das CRM nach einem Import bessere Informationen?

*Lizenz-Datenbank günstigste Datenquelle?*

Sie sollten auch überlegen, ob Sie mit dem CRM-Tool die Lizenzdatenbank oder lieber Ihr ERP-System direkt anzapfen wollen. Auch im ERP-System sind praktisch alle Auftragsdaten verfügbar, in der Regel aber nicht das Datum der Lizenzerstellung. Oft werden auch Versions-Upgrades nicht nachgeführt. Der Zugriff auf die ERP-Daten könnte in der Realisierung mehr Aufwand bedeuten als auf die schon ausgefilterten Daten des Lizenzgenerators.

**Tip:**
*Definieren Sie den gewünschten Datenumfang und importieren Sie aus der Datenquelle, die erstens vollständiger und zweitens mit weniger Entwicklungs- und Organisationsaufwand erreichbar ist.*

# 12 Problemsituationen beim Kunden

## 12.1 Hardware-Information und Lizenzgenerierung

*Übermittlung der Hardwaredaten nach Installation*

Normalerweise werden Sie die ausgegebenen Lizenzen an die Hardware des Kunden binden wollen. Da dem Anwender zum Zeitpunkt der Bestellung in der Regel nicht bekannt sein wird, auf welcher Hardware er Ihre Software installieren wird, haben Sie nur die Wahl, sich die Hardware-Information nach Installation übermitteln zu lassen. Dies kann während der nachfolgenden Anforderung einer Lizenz über das Webinterface geschehen oder vor einer Lizenzgenerierung per Email.

*Variable Hardwarebindung verwenden*

Die Hardwarebindung sollte nicht nur an einer einzigen Hardware festgemacht sein, zum Beispiel der Ethernetkarte (MAC-Adresse). Manche PCs haben gar keine Ethernetkarte, und so sollte zumindest die Alternativmöglichkeit der Disk-Id bestehen. Falls Sie Dongles verwenden, sieht die Situation natürlich anders aus. In diesem Fall können Sie den Lizenzfile zusammen mit dem Dongle verschicken, da Ihnen ja dessen Id bekannt ist.

*Hardware-Information automatisch auslesen*

Bei der Bestimmung seiner Hardware-Information sollte der Kunde nicht „alleingelassen" werden. In die Installation kann man leicht ein kleines Programm einbinden, das die Hardware-Information des Rechners ausliest. Oft liefert der Hersteller des Lizenzierungstools schon ein solches Programm mit, das Sie ohne Probleme bei der Installation Ihrer Software verwenden können. Das Ergebnis, also die ausgelesene Hardware-Information, schreiben Sie am besten in eine Textdatei, um später problemlos darauf zugreifen zu können. Um es dem Kunden noch einfacher zu machen, können Sie unter Windows einen Eintrag in das Startmenü Ihres Produktes einbinden, der bei Auswahl sofort die Datei mit den Hardware-Informationen öffnet.

## 12.2 Austausch und Ergänzung von Lizenzfiles

*Anzahl Lizenzfiles*

Viele Lizenzierungstools überlassen es ganz Ihnen, ob Sie Ihrem Kunden nur ein oder mehrere Lizenzfiles ausliefern. Enthält Ihr Softwarepaket mehrere Leistungsmerkmale, die einzeln lizenziert werden müssen, bietet es sich aus Übersichtsgründen an, alle Lizenzen in eine Datei zu packen.

*Nachbestellungen*

Spätestens bei Nachbestellungen sind Sie zu einer Entscheidung gezwungen: Sollen die neuen oder erweiterten Lizenzen in den alten File hineinkopiert werden, oder liefern Sie separate Dateien mit den neuen Lizenzen aus? Die Lizenzierungstools, also in dem Fall die Lizenzserver vor Ort beim Kunden, können in der Regel beides bewältigen.

*Separate Files sind vorteilhafter*

Separate Files sind eindeutig von Vorteil für Sie als Lizenz- und Softwarelieferant. Auf diese Weise können Sie dem Anwender immer wieder neue Files schicken, die sich problemlos mit den bereits ausgelieferten vertragen. Der Kunde wiederum möchte vielleicht aus Übersichtsgründen nur eine Datei haben (siehe hierzu auch Kap. 8.3: „Software-Updates").

**Empfohlener Kompromiss:**

*Kompromiss*

*Sie liefern zwar separate, zusätzliche Lizenzfiles aus, dem Kunden steht es aber frei, alle Files in einen einzigen zusammenzufassen. Hierzu liefern Sie eine Dokumentation.*

*Softwareversionswechsel*

Ein Lizenzaustausch kann zum Beispiel bei Versionswechsel notwendig werden. Hier wäre die praktikabelste Lösung, dass Sie einfach alle Lizenzen neu generieren und dem Kunden zum Austausch liefern. Vielleicht behandeln Sie einen Versionswechsel sowieso wie eine ganz normale Neuinstallation, bei der standardmäßig neue Lizenzfiles installiert werden müssen.

*Lizenzaustausch bei Hardware-Ausfall*

Eine weitere Situation stellt ein Hardwareausfall und -austausch dar, und zwar der Hardware, an die die Lizenz gebunden ist. Hier gibt es diverse Rückgabemodi, die sich je nach Lizenzierungstool etwas unterscheiden. Um Missbrauch zu vermeiden, sollten Sie wenigstens die Anzahl der Lizenzrückgaben pro Hardware und Jahr begrenzen. Siehe auch nächstes Kap. 12.3: „Hardware-Ausfall und Lizenzrückgabe".

## 12.3 Hardware-Ausfall und Lizenzrückgabe

*Rechner-Hardware und Dongles können ausfallen*

Ein Argument, das zuweilen gegen die Bindung einer Lizenz an Kundenhardware verwendet wird, ist der mögliche Ausfall gerade dieser Hardware. Aber auch Dongles können ausfallen! Der Kunde benötigt nach einem solchen Hardware-Ausfall eine neue Lizenz und sollte bei diesem Vorgang optimal unterstützt werden.

*Alte Lizenz ungültig*

Hier verhalten sich die Lizenztool-Hersteller in ihrer Strategie unterschiedlich. Die einen kennen eine einfache Lizenzrückgabe, die lediglich im zentralen Lizenzgenerator vermerkt wird. Nach der Rückgabe kann eine neue Lizenz für die neue Hardware erstellt werden. Andere Hersteller haben sich ausgefeilte Mechanismen ausgedacht, um einen vorgetäuschten Hardwareausfall zu unterbinden. Zu diesem Zweck wird die alte Lizenz ungültig gemacht. Die durch diesen Vorgang der „Lizenzentwertung" generierten Informationen werden dem Softwarelieferanten übermittelt und erst dann, auch noch mit besonders generierter Zugangsberechtigung, kann eine neue Lizenz angefordert werden.

*Abwägen des Aufwandes*

Wir wollen nicht das Problem leugnen, dass Missbrauch mit vermeintlichem Hardwareausfall getrieben wird. Insofern ist zu verstehen, dass man versucht, sich gegen solche Eventualitäten abzusichern. Auf der anderen Seite macht man dadurch den Lizenzierungsprozess komplizierter. Es ist die Frage, ob man sich selbst oder dem Kunden dies antun möchte.

*Einschränken der Rückgabe-Häufigkeit*

Eine weitere Möglichkeit besteht darin, dass Sie den Lizenzumtausch in der Häufigkeit beschränken, zum Beispiel auf ein einziges Mal pro Jahr. Sollte ein Kunde drei Ausfälle pro Jahr melden, können Sie mit einiger Sicherheit annehmen, dass er Sie hintergehen möchte.

## 12.4 Umgehung des Lizenzschutzes – Raubkopien

*Unterschiedliche Motive zur Lizenzumgehung*

Der Schutz vor illegalen Softwarekopien, manchmal auch als Raubkopien bezeichnet, ist zwar nicht einziger, aber vielleicht hauptsächlicher Zweck der Lizenzierung. Aber:

**Hinweis:**
*So vielfältig wie die Lizenzierungsmechanismen, die heute auf dem Markt erhältlich sind, so phantasiereich sind auch diejenigen, die sich illegal eine lauffähige Kopie der lizenzierten Version beschaffen möchten.*

*Wer umgeht die Lizenz?*

Je nach Softwaretyp und Firmenstruktur sind es hier entweder die Kunden, die die Lizenzierung umgehen oder Ihre eigenen Servicetechniker. Die Motive im letzteren Fall sind unterschiedlich, oft sind es nur Bequemlichkeit oder der Wunsch „schnell einmal dem Kunden eine Version zu installieren", ohne sich mit ordentlicher Bestellung und Lizenzierung abmühen zu müssen. Oder der Vertrieb hat die Software dem Kunden als Gratisbeigabe versprochen und nicht zum Bestandteil der Bestellung gemacht.

*Vertriebsgeschenke*

Für solche Vertriebsgeschenke gibt es sicher andere Möglichkeiten, zum Beispiel die Bestellung regulär lizenzierter Software – aber mit kostenfreier Lieferung. Lizenzierung soll ja nicht die Service- oder Vertriebsmitarbeiter einschränken. Aber Sie wollen doch wissen, bei welchen Kunden Ihre Software tatsächlich im Einsatz ist, und Sie wollen natürlich den Unternehmensertrag durch höhere Softwareverkäufe steigern.

Aus den vielen Möglichkeiten, wie versucht wird, die Lizenzierung zu umgehen, seien nur einige herausgegriffen:

**Dongles**

*Simulations-Software*

In einigen Ländern, zum Beispiel den USA, wird dafür geworben, mit Hilfe von Simulationssoftware einen Dongle zu simulieren, der gar nicht mehr steckt. Sobald die Software also herausgefunden hat, welcher Art der Datentransfer zwischen Applikation und Dongle ist, wird dieser simuliert, und die Anwendung kann auf jedem System auch ohne Dongle laufen. Die Simulationssoftware ist ganz offen und legal erhältlich.

**Registry-Manipulation**

*Überwachung der Registry-Veränderungen*

Auf Windows-Systemen werden vielfach Informationen über eine Anwendung in der Registry abgelegt. Dies gilt auch für manche Lizenzierungstools. Solche Registry-Einträge sind natürlich vor und nach der Installation zu vergleichen und dadurch auszuhebeln.

**Vorgetäuschter Hardware-Ausfall**

Eine hardwaregebundene Lizenz (MAC-Adresse oder Disk-Adresse) verliert ihre Gültigkeit, wenn die Hardware ausfällt und durch eine neue ersetzt werden muss. Die Folge ist eine Lizenzanforderung des Kunden beim Softwarelieferanten für eine neue und kostenlose Lizenz. Wird dieser Ausfall nur vorgetäuscht, kann die Hardware in einem anderen Rechner eingebaut werden, für den eigentlich gar keine Lizenz erworben wurde. Als einfachstes Gegenmittel kann Lizenztausch oder -rückgabe von Ihnen in der Häufigkeit eingeschränkt werden. Einige Lizenzierungstools sehen für einen solchen Fall ein kompliziertes Verfahren vor, das die ursprüngliche Lizenz unwirksam machen soll.

*Nutzen von Lizenzen angeblich ausgefallener Rechner*

**Ersetzen von Lizenzierungs-DLLs**

Einige Lizenzierungspakete ermöglichen es, auf Windows-Systemen über DLLs, und nicht direkt von der Applikation mittels Libraries, auf den Lizenzserver zuzugreifen. Werden hierfür vorgefertigte DLLs des Herstellers verwendet, ist der Weg frei für einen illegalen Austausch dieser DLL gegen eine Ersatz-DLL, die einen Lizenzserver-Zugriff nur vortäuscht. Auf diese Weise manipuliert läuft die Software auf jedem System. Wird nicht die Programmiersprache C++ verwendet, ist der Einsatz einer DLL oft nicht zu umgehen. Der Datenverkehr sollte zusätzlich verschlüsselt werden.

*Simulation des Datenverkehrs mit einer DLL*

# 13 Die Zukunft der Software-Distribution

Mit einem Projekt zur Einführung der elektronischen Lizenzierung gehen Sie einen richtigen Schritt in die Zukunft der Software-Distribution. Es wird nicht bei diesem einen Schritt bleiben!

*Download von Demo-Versionen häufige Praxis*

Die heutigen Möglichkeiten des E-Business legen es nahe, nicht nur Lizenzen über ein Webinterface abzurufen, sondern auch die gesamten lizenzierten Software-Pakete per ESD (Electronic Software Distribution). Einige größere Hersteller sind schon dazu übergegangen, alle ihre Produkte – nach Registrierung bzw. Klärung der Zahlungsmodalitäten – per Download zur Verfügung zu stellen. Der Download von Demo-Versionen gängiger Softwareprodukte ist heute schon eine vielfach anzutreffende Praxis.

*Ankoppelung an E-Shop*

Für den Direktvertrieb Ihrer Software über das Internet benötigen Sie eine E-Shop-Lösung. Spätestens jetzt wird es sich auszahlen, wenn Sie sich für das Lizenzierungs-Produkt eines Herstellers entschieden haben, der entweder zusätzlich einen E-Shop anbietet oder mit Firmen kooperiert, deren Produkte sich nahtlos mit Ihrer Lizenzierungs-Distribution vertragen. Sie benötigen Software zur Abwicklung der Zahlungsmodalitäten und Distribution der Software, zur Verwaltung der Lizenzen und eventuell der Assets des Kunden.

*Analyse bereits eingesetzter Systeme*

Welche Lösung für Ihr Unternehmen am geeignetsten ist, hängt unter anderem davon ab, ob Sie schon ein CRM-System im Einsatz haben, ob schon ein Direktvertrieb irgendwelcher Art etabliert ist, welches Bestell- und Buchungssystem Sie verwenden und welchen Datenaustausch zwischen den einzelnen Systemen Sie bereits geschaffen haben.

*Software bestens für Internet-Vertrieb geeignet*

Sie werden langfristig nicht um ESD herumkommen. Die Zuwachsraten von Verkäufen über das Internet sind rasant. Und einmal so betrachtet: wenn sich überhaupt ein Produkt problemlos über das Internet verkaufen lässt, dann ist dies Software! Bei allen anderen Produkten des E-Business muss nach der Bestellung über das Internet eine physische Lieferung der Waren erfolgen. Software aber lässt sich einfach über das Web schieben!

Dazu die Aussage eines amerikanischen IT-Journalisten in einer Empfehlung für das amerikanische Militär:

*Verlagerung des Asset Management zum Lieferanten*

*„Mit einer elektronischen Software-Distribution kaufen Sie eine Lizenz und laden dann die Software über das Internet herunter. Dies ist mehr als nur die Sicherheit, die absolut neueste Version dessen zu bekommen, was immer Sie kaufen. Es ist auch ein Weg, um große Teile der Belastung durch Software-Administration vom Büro fernzuhalten und an den Software-Hersteller und seine Vertriebskanäle zurückzudelegieren.“*[1]

Hier liegt also eine verständliche Hoffnung der Großanwender: Die zunehmende Schwierigkeit, die eigenen Software-Installationen und -nutzungen korrekt zu verwalten, wird an den Lieferanten der Software zurückdelegiert. Nicht der Anwender muss in Zukunft seine Lizenzen verwalten, sondern der Hersteller und seine Distributoren.

*Umsatz von SAM-Tools wird zunehmen*

Bis zur Verwirklichung eines solchen Szenarios kann es noch ein langer Weg sein, denn Voraussetzung dafür ist entweder, dass alle Softwarehersteller ESD zur Verfügung stellen oder dass der Software-Einkauf über einen einzigen Distributor abgewickelt wird. Auch dann bleibt fraglich, ob der Anwender ganz von der eigenen Verwaltung seiner Software-Installationen verschont bleibt. Nur er weiß, welche Rechner er in seinem Netzwerk betreibt, und nur er hat Kenntnis darüber, wie intensiv welche Software genutzt wird. Insofern wird der Verkauf von Asset-Management Software (SAM) zusätzlich zu lizenzierten Produkten eher zunehmen (siehe auch Kap. 3.2: „Vorteile für den Kunden – Asset-Management“).

*Ein neues Szenario entwickelt sich*

Die Distribution von Lizenzfiles über das Internet und elektronische Lizenzierung sind also nur der Anfang eines umfangreichen Szenarios, auf das sich alle Software-Hersteller und Lieferanten einstellen müssen.

---

[1] “With electronic software distribution, you buy a license, then download the software over the Internet. This is more than just a way to make sure you get the absolutely latest versions of whatever you buy. It's also a way to shift much of the software administrative burden away from your office and back to the software publishers and their distribution channels.”
Shawn P. McCarthy , GOVERNMENT COMPUTER NEWS (GCN), July 28, 1997

Wir haben in diesem Buch die wichtigsten Themen der Elektronischen Lizenzierung besprochen. Vor- und Nachteile verschiedener Implementierungsmöglichkeiten und Lizenzmodelle wurden gegeneinander abgewogen, Risiken und wichtige Details herausgestellt.

*Umfang des Projektes nicht unterschätzen*

Lizenzierung ist ein interessantes und anspruchsvolles Thema. Sie sollten den Umfang der notwendigen Überlegungen, Analysen, Spezifikationen und Implementierungen nicht unterschätzen. Aber langfristig sichern Sie sich durch Elektronische Lizenzierung Ihren Umsatz und können Ihren Kunden flexiblere und attraktivere Lizenzmodelle anbieten.

Die Zukunft der Software-Distribution liegt in der elektronischen Lizenzierung (ELM) und der Distribution über das Internet (ELD und ESD). Der Autor wünscht Ihnen viel Erfolg bei Ihrem Lizenzierungsprojekt.

# Anhang

## Kostenaufstellung für ein Lizenzierungsprojekt

*Budget für 3 Jahre*

Die folgende Aufstellung gibt Ihnen Beispiele für die anfallenden Kosten. Sie sollten die Aufstellung auf mindestens 3 Jahre ausdehnen. Bitte berücksichtigen Sie dabei auch, dass nach dem ersten Projekt (Pilotprojekt) wesentlich weniger Kosten anfallen, da sich sowohl Entwicklungs-Knowhow gebildet hat als auch einige Prozesse schon etabliert sind.

*Nachfolgeprodukte anders bewerten*

Bei den Kosten für das Lizenzierungstool ist zu berücksichtigen, dass nachfolgende Produkte, die Sie stufenweise in den Lizenzierungsprozess mit einbeziehen, eventuell keine Kosten verursachen, wenn die damit erzielten Umsätze noch durch Ihren Vertrag mit dem Lizenztool-Hersteller abgedeckt sind – vorausgesetzt, der Vertrag ist umsatz- und nicht stückzahlorientiert.

**Lizenzkosten-Übersicht**

**Projektname:** ____________________

**Lizenzierungstools**

Lizenztool / Jahr
Lizenzgenerator / Jahr
Schulungen

**Entwicklungskosten**

Lizenztool Integration
Lizenzgenerator
  Inbetriebnahme, Wartung, Organisation
  ERP Integration
  Webinterface
Reporterstellung

**Betriebskosten**

Datenbank-Server + Webserver, Rechenzentrum
Lizenzierungscenter

**Ihre Kosten pro Jahr:**

## Checkliste zur Evaluierung von Lizenzierungstools

Die Liste der folgenden Leistungsmerkmale ist ein Vorschlag, um mehrere Lizenzierungstools, die für Sie in Frage kommen, vergleichen zu können. Sie sollten sich vor einem solchen Vergleich schon über die für Sie wichtigsten Merkmale im klaren sein. Oft geben jedoch die verschiedenen Funktionen der Tools weitere Hinweise darauf, welche zusätzlichen Einsatzmöglichkeiten sich durch das eine oder andere Tool ergeben könnten. Die aufgeführten Merkmale sind nach Funktionsgruppen geordnet.

**Leistungsmerkmale Lizenzierungstools**

## Integration in Programme (Quellcode)

**Unterstützte Programmiersprachen:**
C,C++
J2EE
Java
VB
Delphi
Perl
weitere

**Unterstützte Betriebssysteme:**
Unix und Derivate
W2000, Win_XP, NT4
weitere

## Lizenzierungs-Typen

**Umfang der minimalen Lizenzierungs-Möglichkeiten:**
- Anzahl Varianten
- Unternehmens-Lizenz
- Einzellizenz pro Produkt
- Art der Demo/Evaluation oder TBYB
- Hardwarebindung
- welche Bindungen möglich
- weichere Lizenzierungsarten
- Produkt-Pakete
- Zu- und Abschaltung einzelner Produkt-Funktionen
- Floating Lizenzen
- Upgrade Prozeduren
- Vendor Texte oder Flags
- Überziehung (Anzahl Benutzer)
- Verhalten nach dem Auslauf der Lizenz
- Andere Lizenzierungs-Varianten

**Hardware-Bindung für Lizenzschlüssel:**
Ethernet-Karte (MAC)
Dongle
IP Adresse
Disk

**Besonderheiten in der Lizenzfile-Behandlung:**
Lizenz-Annullierung
Upgrade von Lizenzen

**Lizenzierung ohne Quellcode-Änderung:**
Shell

## Lizenz-Erzeugung

**Web Unterstützung für Abruf von Lizenzen:**
manuell
automatisch
sichere Verbindung

**Kaskadierende Lizenzgeneratoren**

**Datenbank:**
DB Typ
DB Interface für den Support

**Automatisches Triggern für Lizenzerzeugung**

**Schnittstellen für Accounting und ERP Systeme (z.B. SAP R/3)**
Anschluss-Möglichkeit
Knowhow

**Reports und Statistiken**
sortierbar nach mehreren Kriterien

**Massen-Operationen (Stapelverarbeitung) für Lizenzerzeugung**

**Benutzeroberfläche (GUI):**
benutzerfreundlich
deutsch

**eCommerce-Anbindung**

## Lizenzserver (beim Kunden)

**Installationsvarianten für Produkte:**
in Produktinstallation integriert
(un)sichtbare Installation
Lizenzserver für stand-alone PC notwendig
Client-Server-Kommunikation

**Mehrere Server, Ausfallsicherheit**

**Verwaltungstools beim Kunden:**
GUI benutzerfreundlich
GUI deutsch

**Software Asset Management (SAM)**

## Unternehmen

**Produktsupport für:**
Anfangsphase
Jederzeit
Reaktionszeit

**Nationale Niederlassung**

**Entwicklungsstandort**

**Preispolitik:**
Unternehmenslizenz
pro Pogramm
pro Kunde
Pakete
Transaktionen

**Kundenbasis**

## Zusammenfassende Beurteilung

**Herausragende Programmeigenschaften**

**Schwachstellen**

# Glossar

**CRM**
Customer Relationship Management. Tools zur Verwaltung von Kundendaten, vorwiegend zur Vertriebsunterstützung eingesetzt.

**DMZ**
Demilitarisierte Zone. Eine besonders abgeschirmte Rechnerzone jenseits der Firewall.

**ESD**
Electronic Software Distribution. Die angebotene Software wird auf Internet-Seiten zum Download angeboten. Der Download ist oft erst möglich, wenn dem Käufer nach erfolgter Bezahlung oder sonst erlangter Berechtigung ein Zugangsschlüssel mitgeteilt worden ist.

**ELM**
Electronic License Management. Ermöglicht Software-Entwicklern, ihre Produkte global zu distribuieren, aber die Anwendungen durch digital vergebene Nutzerrechte zu kontrollieren. Mit ELM kann Software als Service mit spezifischen Start- und Endterminen vermarktet werden, nach deren Ablauf die Lizenz erneuert oder eine neue Produktversion erworben werden muss. Siehe auch ELD.

**ELD**
Electronic License Distribution. Ein Code oder ein codierter File, der eine gültige Lizenz beinhaltet. Elektronisch lizenzierte Software benötigt einen solchen Lizenzschlüssel, um ordnungsgemäß zu arbeiten. Die Auslieferung einer gültigen Lizenz kann per Email oder Webinterface erfolgen. Siehe auch ESD und ELM.

**ELS**
Electronic Licensing Strategies

**ERP**
Enterprise Resource Planning. Software für Finanzbuchhaltung, Auftragsabwicklung, Kostenrechnung, Produktionsplanung und -steuerung.

**GUI**
Graphical User Interface: Bezeichnung für die Bedienoberfläche einer Software-Applikation.

**Lizenzfile**
Datei mit einem Lizenzschlüssel. Eine Datei kann mehrere Schlüssel für mehrere Anwendungen beinhalten. Lizenzierte Anwendungen greifen über den Lizenzserver auf den Lizenzfile zu.

**Lizenzierungs-API**
Schnittstelle (API=Application Programming Interface) der Lizenzierungssoftware, die in die zu lizenzierenden Programme eingebunden wird.

**Lizenzierungs-Software, Lizenzierungs-Tool**
Software, die zusätzlich zum Produkt ausgeliefert wird. Bestandteile der Lizenzierungs-Software sind meist in den Code des Produktes eingebettet. Lizenzierungs-Software beinhaltet häufig zur Laufzeit einen Lizenzserver sowie einen oder mehrere Lizenzfiles.

**Lizenzserver**
Serverprozess, der auf einem Kundenrechner die Lizenzabfragen der lizenzierten Produkte steuert und bedient. Der Lizenzserver muss nicht auf einem separaten Rechner laufen.

**Webinterface**
Im Zusammenhang der Lizenzierung ein oder mehrere Web-Seiten, über die entweder ein Software-Download stattfinden (ESD) oder ein Lizenzfile abgeholt werden kann (ELD). Dies setzt in der Regel einen Berechtigungscode auf seiten des Anwenders voraus. Bei hardwaregebundener Lizenzierung wird dem Lizenzgeber auch die Hardwarekennung des Rechners übermittelt, auf dem die Software in Betrieb genommen werden soll.

**Eingetragene Warenzeichen/Markenzeichen**
SAP und R/3 sind eingetragene Warenzeichen der SAP AG.
Windows ist eingetragenes Warenzeichen der Microsoft Corporation.
Sun ist eingetragenes Warenzeichen der Sun Microsystems, Inc.

# Internet-Adressen und Literatur

## Hersteller von Lizenzierungstools

### Marktführer

*http://www.macrovision.com/solutions/esd/index.html*
(vormals: http://www.globetrotter.com/)
Macrovision Lizenzierungs-Software.
Viele Artikel über Lizenzierung.

*http://www.ealaddin.com*
Aladdin Knowledge Systems, Inc.: Lizenzierungs-Software.

*http://www.rainbow.com/*
Rainbow Technologies: Lizenzierungs-Software.

### Weitere Hersteller

*http://www.cooper-software.com/*
*http://www.crypkey.com*
*http://www.ocs.com/*
*http://www.sheriff-software.com/*
*http://www.softwarekey.com*
*http://www.paceap.com/default.html*
*http://www.sassafras.com/*

### Allgemeine Lizenzierungsseiten

*http://www.itpapers.com/cgi/SubcatIT.pl?scid=244*
Über 180 Artikel zur Software-Lizenzierung und verwandte Themen

*www.esj.com/Departments/article.asp?EditorialsID=42*
Software Asset Management (SAM)

*www.licensetech.com/offer/esd.htm*
Electronic Software Distribution (ESD)

*http://www.intraware.com/subscribenet/index.html*
Electronic Software Delivery and Management (ESDM).

*www.intraware.com/subscribenet/license_management.html*
Electronic Software Distribution (ESD)

*www.getlicense.com/QA.htm*
Software-Lizenzierungs- und Distributions-Dienstleistungen

*www.broadcastsoft.com/whatsesd.html*
Begriffsbestimmung und Erläuterung von ESD

*www.gcn.com/archives/gcn/1997/july28/mcy.htm*
Artikel über Elektronische Lizenzierung und Elektronische Distribution (ELM und ESD)

*http://www.bsa.org/usa/antipiracy/*
Illegales Software-Kopieren in den USA

*www.creationengine.com/html/site_licenses.html*
Links auf Site-Licensing Programme bekannter Software-Hersteller

*www.jasc.com/vslfaq.asp*
Informationen über Volume Licensing der Firma Jasc Software

*www.outpost.com/template/b2b/licensing/*
Informationen über Volume Licensing der Firma Fry's Electronics

*www.ec4s.com/index.html*
Konferenz zum Thema Softwareschutz, viele Vorträge und Papiere über Electronic Licensing

*http://www.bsa.de*
Business Software Alliance für Deutschland. Compliance-Überwachung lizenzierter Software

## Dongles

*www.intellect.vsu.ru/en/protection/dongles/index_e.htm*
Übersicht über einige Dongletypen

*www.basis.com/advantage/mag-v2n4/flexlm2.html*
Dongles und andere Schutzmechanismen

*www.greymatter.com/Buyers/HardCopy/Issue16/protection.pdf*
Softwareschutz mit Dongles

*www.ecommerce-scotland.org/suppliers/ip_methods.htm*
Hardware- und Software-Schutzmassnahmen

*www.mactech.com/articles/mactech/Vol.14/14.08/ProtectSoftware-withHardware/*
Vorteile von Dongles

*www.donglefree.com/dmcabackground.htm*
US-Copyright Situation nach dem *Digital Millennium Copyright Act.* Legale Umgehungsmöglichkeiten der Lizenzierung durch Dongles in den USA.

*www.loc.gov/copyright/legislation/dmca.pdf*
Digital Millenium Copyright Act
Legalisiert Umgehung von Kopierschutz durch externe Hardware

*www.safe-key.com/stories/*
Problemberichte über Dongle-Verwendung

*http://endlessvisions.com/problems.html*
Werben mit: „Removing dongles is our game!“

*www.intellect.vsu.ru/en/protection/dongles/index_e.htm*
Ausführliche Information über Dongles

*www.coastalo.com/support_articles/USB.html*
USB Dongles

*www.microcosm.co.uk/dddetail.htm*
Verschiedene Dongles der Firma Microcosm

## Literatur über juristische Aspekte

Pagenberg, Jochen / Geissler, Bernhard: Lizenzverträge – Patente, Gebrauchsmuster, Know-how, Computer Software; C. Heymanns Verlag; 1997

Pres, Andreas: Gestaltungsformen urheberrechtlicher Softwarelizenzverträge; Otto Schmidt Verlag; 1994

Software-Lizenzvertrag; Informatikverträge cplt.; vdf Hochschulverlag; 1999

# Index


## A

Abruf 6, 62, 87
Administrationsaufwände 67
Adresse 4, 17, 34, 38, 49, 50, 65, 80, 82, 84, 91, 92, 105, 109
Akzeptanz 19, 31, 64, 87, 88
Analyse 12, 24, 25, 45, 47, 48
API 5, 59, 75, 122
Applikation 33, 39, 43, 56, 60, 62, 72, 77, 80, 88, 90, 108, 109
Asset Management 3, 11, 12, 13, 119, 126
auditing 12
Aufträge 47, 50, 81, 86, 94, 96, 99, 100
Auftragsabwicklung 24, 76
Auftragsdaten 47, 94
Auftragserfassungssystem 47
Auftragssystem 99, 100
Aufwand 28, 30, 43, 56, 58, 82, 89, 94
Auslieferung 6, 10, 38, 41, 42, 46, 47, 49, 50, 51, 52, 61, 62, 63, 64, 87, 94, 121
Auslieferungsprozesse 18, 47, 49, 51
Auslieferungs-Variante 52, 53
Auslieferungsverfahren 49
Austausch 34, 67, 80, 106, 109

## B

Benutzerhandbuch 73
Benutzerverwaltung 76, 85
Bestelldatum 96
Bestellformulare 81
Bestellpositionen 7, 28, 29, 43, 47, 81, 90, 97, 98, 99
Bestellung 10, 27, 28, 29, 47, 49, 50, 68, 81, 89, 94, 96, 99, 100, 101, 102, 105, 108, 112
Bewertungsmatrix 21, 23
Buchungssystem 93, 94, 99, 100, 101, 111
Buchungssysteme 19
Budgets 12, 23, 36

## C

Cases 85
Checkliste 16, 56
C-Libraries 56
Client-Server 36, 42, 64, 65, 118
Coding 36
concurrent 37
Controlling 10, 11, 46
CRM 19, 111

## D

Datenbank 5, 12, 18, 48, 58, 68, 85, 86, 94, 97, 98, 118
Datenhaltung 94
Datenmodelle 95
Datenpflege 94
Datenverkehr 60, 109
Datum 38
Demolizenz 37, 40, 41, 42, 51, 52, 53, 56, 62, 63, 100, 101
Demosoftware 19, 41
Demoversionen 19, 25, 26, 28, 41, 45, 111
Distribution 6, 7, 25, 42, 87, 111, 112, 113, 121, 126
DLL 109
DMZ 46

Dokumentation 11, 46, 72, 83, 106
Dongles 4, 32, 33, 34, 35, 38, 42, 105, 107, 108, 127
Download 6, 33, 42, 66, 75, 81, 82, 87, 90, 91, 100, 111, 121, 122
Drittauslieferer 75, 84

## E

E-Business 111, 112
Einbau 36, 57
Einzellizenzen 27
ELD 6, 7, 36, 51, 87, 111, 113, 121, 122
Electronic License Distribution 6, 87, 121
Email 4, 6, 7, 19, 20, 21, 34, 41, 49, 62, 75, 78, 80, 82, 84, 88, 91, 92, 105
Emailadresse 81
Encryption seeds 86
Entwicklung 17, 18, 20, 22, 23, 25, 26, 27, 28, 30, 36, 45, 59, 76
Entwicklungsabteilung 56, 80
Entwicklungsaufwände 10, 55, 59, 88
Entwicklungskosten 10, 36, 116
Entwicklungsteam 56
ERP 19, 23, 24, 47, 48, 76, 86, 93, 99, 116
ERP-System 29, 93, 102, 103
Erstinstallation 41, 42
ESD 6, 7, 42, 49, 50, 87, 111, 112, 113, 121, 122, 126
Ethernetkarte 32, 34, 105
Evaluierungs-Lizenz 37
Export 11, 47, 94, 95, 96, 100

## F

Fehlerfälle 56, 73
Fehlererkennung 31
Filiale 29
Firewall 46, 89, 121
Floating 37, 39, 66, 117
Fremdlizenzen 102
Fremdprodukte 101, 102
FTP 94
Funktionen 75, 77, 83
Funktionsweise 5, 73

## G

Gebühren 11, 20, 22, 39
Generieren 46, 63, 75, 84, 90
Geschäftsleitung 22, 23, 24
Großkunden 11
GUI 64, 68, 83, 92, 96, 99, 118

## H

Harddisk 32
Hardware 4, 6, 18, 32, 34, 35, 36, 41, 42, 43, 47, 63, 81, 82, 84, 87, 90, 91, 92, 100, 105, 106, 107, 109, 117
Hardwareausfall 34, 106, 107
Hardwarebindung 32, 35, 38, 105
Hardwarecode 42
Hardwaregebunden 38
Hardwareinformation 4, 7, 34, 41, 51, 52, 65, 90, 105
Hardwarekennung 6, 32, 34, 51, 65, 87, 122
Hardwaretausch 85
Hardwarewechsel 56, 57
Hersteller 1, 4, 5, 6, 17, 18, 19, 20, 21, 22, 30, 31, 34, 35, 38, 40, 42, 53, 56, 60, 62, 66, 69, 73, 82, 83, 88, 95, 105, 107, 111, 112, 113, 125, 126
Hotline 46, 53, 73

## I

illegal 3, 108
Import 11, 68, 76, 86, 94, 95, 96, 97, 98
Importprogramm 68, 94, 95, 97
Inbetriebnahme 49, 53, 116
Installation 4, 10, 12, 18, 25, 27, 29, 37, 41, 42, 47, 48, 49, 51, 52, 53, 57, 61, 62, 63, 64, 65, 66, 67, 69, 70, 72, 78, 83, 87, 88, 105, 108, 118
Installationsort 6, 29, 41, 50
Installationsprozess 61

Installationsskripte 64
Installationsvarianten 61
Internet VI, 6, 17, 19, 33, 39, 49, 51, 62, 84, 89, 100, 111, 112, 113, 121, 125
Internet-Domäne 39

## J

Java 56
juristische Aspekte 30

## K

Kalkulation 11, 24
Kapazitäten 36
Klartextinformationen 78
Knowhow 17, 23, 53
Komplettlösungen 101
Kopierschutz 3, 32, 42, 43, 44, 76, 77
Kosten 9, 10, 11, 13, 20, 22, 23, 24, 25, 33, 46, 66, 67, 89, 92, 115, 116
Kosten/Nutzen 9
Kostenabschätzung 10
Kostenaufstellung 10, 11, 115
Kostenentwicklung 10
Kosten-Nutzen-Analyse 25
Kostenplanung 11
Kundenbasis 2, 85, 119
Kundenbetreuung 83
Kundeninformationen 53
Kundenschulung 73

## L

Lagerauslieferung 63
Leasing 38
Leistungsmerkmale 30, 36, 40, 55
Libraries 55, 56, 59, 109
licensing tools 17
Lieferprozesse 48, 51
Limits 72
Lizenzabfrage 88
Lizenzausfall 56, 57
Lizenzaustausch 106
Lizenzcode 4, 82
Lizenzdatenbank 7, 18, 19, 43, 49, 50, 83, 85, 95, 96
Lizenzfile 6, 19, 31, 34, 38, 41, 42, 43, 49, 51, 52, 53, 57, 61, 62, 66, 69, 72, 73, 77, 78, 80, 81, 82, 90, 92, 105, 122
Lizenzgebühren 22, 40
Lizenzgenerator 4, 6, 10, 26, 29, 46, 47, 52, 53, 57, 62, 64, 68, 75, 76, 77, 78, 80, 81, 85, 86, 89, 94, 96, 97, 99, 100, 101, 107
Lizenzgenerierung 49, 68, 97, 100, 105
Lizenzgrenzen 72, 73
Lizenzierungs-
  abfragen 57
  aufruf 57
  aufwände 56
  datenbank 18
  form 44
  GAU 43
  logik 57
  methode 17, 32
  modell 28, 29, 45, 49
  produkte 18, 22
  projekt 10, 23, 24, 26, 45, 46, 59, 93, 113, 115
  prozeß 17, 27, 59, 61, 76, 84, 87, 107
  schlüssel 18
  Software 4, 6, 16, 17, 19, 23, 49, 53, 84, 122, 125
  software 78, 79
  technik 25
  tools 1, 4, 11, 12, 15, 16, 17, 18, 19, 22, 25, 26, 30, 31, 32, 34, 35, 36, 53, 56, 59, 65, 68, 70, 73, 83, 88, 105, 106, 108, 109, 116
  varianten 30
  verträgen 30
  ziel 48
Lizenzierungssoftware 79
Lizenzlimit 3
Lizenzmodell 27, 28, 31, 36, 40, 51, 77, 113
Lizenzpolitik V, 49
Lizenzpools 75, 84

Lizenzrückgabe 106, 107
Lizenzschlüssel 6, 31, 32, 41, 121, 122
Lizenzserver 5, 6, 12, 26, 30, 31, 32, 35, 36, 43, 46, 55, 56, 59, 60, 64, 69, 70, 72, 75, 78, 79, 80, 90, 106, 109, 118, 122
Lizenztausch 87, 109
Lizenztypen 12, 57
Lizenzüberschreitungen 57
Lizenzupdates 80, 84
Lizenzvergabestelle 85
Lizenzverträge 29
Lizenzzertifikat 38
Logistik 23, 25, 46, 49, 83, 86

## M

Management 11, 12, 20, 21, 25, 26, 93, 99, 112, 121
Management-Entscheidung 11
Marketing 1, 2, 17, 18, 26, 30, 36, 45, 83
Marketingstrategien 48, 77
Marketingstrategien 40
Matrix 21, 95
Mitarbeiter-Schulung 11
Multi-Vendor 69

## N

Nachfolgeprojekte 10, 59
Nebenkosten 11, 25
Netzwerk 12, 29, 35, 37, 39, 40, 56, 65, 69, 112
Neubestellung 50
Neuinstallation 67, 106
Niederlassung 29, 119
node locked 38, 84
Nutzerbezogen 37
Nutzungsgrad 12
Nutzungsverträge 30, 47
Nutzungszeitraum 27

## O

Onlinebestellung 7
overdraft 40
Overhead 13

## P

Pakete 28, 38, 111
Passwort 89
Pay-per-use 40
Pilotprojekt 10, 49
Platten 34
Plattform 17, 18, 20, 22, 56
Post-use-payment 39
Präsentation 25, 26
Präsentationen 17, 24, 25, 26, 41
Preiserhöhungen 22
Preismodelle 46
Preisstaffelung 26, 45
Problemsituationen 63
Produktdefinitionen 10, 97, 98
Produktmarketing 5, 17, 18, 20, 22, 23, 25, 26, 27, 28, 36, 48, 59, 76, 77, 93
Produkt-Recherche 17
Produktschlüssel 98
Programm 4, 5, 10, 31, 34, 55, 58, 59, 60, 66, 77, 96, 105
Programmänderungen 55
Programmiersprache 60, 109
Programmwartung 30
Prozeßablauf 13
Prozesse 1, 19, 41, 48, 80

## R

Rabatte 25
Raubkopien 9, 42, 107
Referenzkunden 20, 23
Regionallager 47
Registry-Manipulation 108
Reportgenerator 83
Reports 12, 18, 26, 68, 75, 77, 83, 85, 96, 102, 103, 118
Rückgabe 67, 75, 84, 85, 90, 91, 107

## S

SAM 12, 13, 112, 119, 126
SAM Software 13
SAP R/3 19, 24, 47, 76, 86, 93, 94, 99, 118
Schnittstellen 18, 56, 76, 85, 93, 118

Schulung 35, 46, 57, 64
Service 13, 28, 31, 32, 35, 46, 47, 48, 65, 66, 82, 108, 121
Servicekosten 10
Servicetechniker 41, 61, 62, 64, 70, 73, 108
Shells 55, 59, 60
Sicherheit 60, 89, 112
Sicherheitsanforderungen 17, 32
Sicherheitsmechanismen 56, 60
Simulationssoftware 108
software licensing 17
Softwareauslieferung 4, 33, 49, 83, 89
Softwarebausteine 75, 82, 83
Softwarebestellung 49, 80, 96
Softwareentwicklung 10, 18
Softwareentwicklungsprojekt 45
Softwarelieferant 34, 81, 106
Softwareversand 76
Softwareversionen 5, 48, 50, 59, 61, 67, 84
Sourcecode 55
Staffelungen 27, 58
Start 11, 30, 62, 65, 66, 72, 99, 121
Status 81, 94
Statusanzeige 75, 81
Stop 66, 72
Stückzahlen 9, 22
Subnetz 43
Support 1, 10, 18, 19, 20, 23, 27, 28, 31, 36, 46, 66, 72, 76, 78, 80, 85
Supporttätigkeit 66

## T

Tausch 81
TBYB 27, 37, 40, 41, 42, 62, 100
Terminpläne 36
Testaufwand 57
Toolauswahl 16, 23
Toolhersteller 36, 89, 97
tracking 12

## U

Überbrückung 63
Übersicht 11, 75, 83, 116
Überziehen 40
Umsatzverluste 45
Unternehmensabläufe 47
Unternehmensprozesse 23, 46, 48, 88
Updates 31, 48, 49, 50, 67, 69, 80, 84
Upgrades 38, 39, 58, 67, 68, 117, 118
usage tools 12
USB-Schnittstelle 32
User-Id 89

## V

Variantenvielfalt 30
Variationen 27
Verfahrensabläufe 10, 46
Verkaufsaktionen 2, 48
Verkaufsmodell 17, 59
Verkaufspositionen 27, 28, 58, 98
Verkaufsszenarien 20
Vermarktung 25
Vermarktungsmodell 36
Vermarktungsstrategien 45
Versand 42
Verschlüsselungen 57
Verschlüsselungsmethode 18
Versionen 18, 27, 38, 41, 50, 67, 75, 83, 93, 94
Versionsdatum 38
Versionsnummer 38
Versionswechsel 67, 106
Verträge 20, 22, 23, 25
Vertragsbestimmungen 3
Vertragsmodelle 22
Vertragsverhandlungen 22
Vertrieb 2, 5, 17, 18, 25, 27, 28, 36, 45, 48, 83, 100, 108
Vertriebsbeauftragter 47
Vertriebsrepräsentanten 28
Verwaltungsaufwand 43
Vorinstallation 94
Vorversion 67, 96

# W

Web 7, 50, 81, 82, 88, 89, 112, 118, 122
Webinterface 4, 6, 7, 19, 34, 35, 41, 42, 43, 46, 61, 64, 66, 71, 75, 78, 80, 81, 82, 83, 85, 87, 88, 89, 90, 91, 92, 99, 105, 111, 121, 122
Webserver 46, 89
Weiterentwicklung 57
Windows 56, 57, 65, 105, 108, 109

# Z

Zeitbegrenzt 38
Zeitlimitierungen 77
Zentrallager 47
Zugangsberechtigung 82, 85, 90, 107
Zugangscode 89, 91
Zusatzbestellungen 49, 67